Curso de Español Lengua Ex

Curso de Español Lengua Extranjera

META ELE B2.1

Libro del alumno
+
Cuaderno de ejercicios

José Ramón Rodríguez Martín
Lucas Pérez de la Fuente

edelsa
GRUPO DIDASCALIA, S.A.

José Ramón Rodríguez Martín
Lucas Pérez de la Fuente

edelsa
GRUPO DIDASCALIA, S.A.
Plaza Ciudad de Salta, 3 - 28043 MADRID - (ESPAÑA)
TEL.: (34) 914.165.511 - (34) 915.106.710
FAX: (34) 914.165.411
e-mail: edelsa@edelsa.es - www.edelsa.es

Primera edición: 2013
Impreso en España/*Printed in Spain*

© **Edelsa Grupo Didascalia S. A.**, Madrid, 2013
Autores: José Ramón Rodríguez Martín y Lucas Pérez de la Fuente

Dirección y coordinación editorial: Departamento de Edición de Edelsa
Diseño de cubierta: Departamento de Imagen de Edelsa
Diseño de interior y maquetación: Estudio Grafimarque S. L.
Fotografías: Photos.com
Audio: Locuciones y montaje sonoro: ALTA FRECUENCIA MADRID. Tel. 91 5195277, www.altafrecuencia.com
Voces de la locución: Arantxa Franco de Sarabia Rosado, Jaime Moreno Vilela, José Antonio Páramo
Brasa y Juana Femenía García.

Imprenta: Egedsa
ISBN: 978-84-7711-764-3
Depósito legal: M-25942-2013

Dedicatoria: A papá, siempre en la memoria.
A mamá, ejemplo constante.
A ti, compañera e inspiradora.

Prólogo

Este libro que tienes entre las manos se ha escrito y diseñado para ti, que quieres aprender español en poco tiempo y que necesitas tener los recursos lingüísticos y culturales básicos para manejarte en situaciones de comunicación en español, para ti que estás en un curso rápido y vas a desenvolverte en un país hispanohablante. Por tanto, siguiendo un enfoque orientado a la acción, te proponemos un aprendizaje significativo y así, por medio de la resolución de tareas, capacitarte para sobrevivir en las situaciones cotidianas que te puedes encontrar cuando estás en un contexto de inmersión.

Con cada libro, conseguirás alcanzar la competencia comunicativa descrita para cada nivel por el *Marco común europeo de referencia para las lenguas* (A1, A2, B1, B1+, B2...) y adquirirás los componentes léxicos y gramaticales correspondientes listados por los *Niveles de referencia para el español*.

A partir del nivel B1+ dirigimos la clase hacia la conversación y cada nivel consta de 6 módulos que tienen coherencia temática y que, en todos los casos, apuntan desde el principio el tema del debate final. Cada módulo se concibe como un camino, como un proceso, en cuatro pasos, que culmina, cada uno de ellos, con una actividad significativa. En los tres primeros pasos, se propone que comprendan un texto leído y que escriban un texto, que comprendan un texto escuchado y que se expresen oralmente, y que comprendan e interactúen. El paso 4 es un repaso y una invitación a la conversación o tertulia.

A primera vista, con esta estructura, notarás claramente la progresión en el aprendizaje y, desde el principio de cada módulo, conocerás la propuesta de producción final que es, en todo caso, el eje del trabajo y la meta a la que debes llegar.

Al final del libro, encontrarás un kit de supervivencia, unas fichas que puedes recortar y que te serán útiles en las situaciones reales de uso de la lengua, y el cuaderno de ejercicios, para que practiques la lengua todo lo que puedas y así estés bien preparado para tu futuro en español.

Los autores

Competencias pragmático-funcional

- Presentarte.
- Relatar.
- Informar.
- Argumentar.

Competencia sociolingüística

- Información personal.
- Referentes culturales hispánicos.

- Argumentar.
- Hacer una crítica cinematográfica.
- Recomendar.

- El cine en lengua española.

Discute sobre el futuro de las salas del cine tal y como las conocemos hoy.

- Comentar expresando reacciones.
- Contar experiencias pasadas.
- Justificar y corregir.

- El deporte profesional en España.

Justifica lo que deben ganar los futbolistas de élite.

- Reproducir las palabras de otras personas.
- Transmitir órdenes y sugerencias dadas.
- Expresar la involuntariedad.

- Contrastes culturales.

Opina sobre fenómenos de convivencia cultural.

- Describir alimentos y platos.
- Informar de celebraciones especiales.
- Narrar una experiencia gastronómica.

- La gastronomía hispana.

Describe el alimento que no puede faltar en una festividad en tu país.

- Proponer ideas.
- Poner condiciones reales, irreales e imposibles.
- Especular con el trabajo idóneo.

- La situación laboral en España.

Debate sobre el papel actual de la educación.

- Describir tribus urbanas.
- Expresar qué le preocupa a uno.
- Animar a la participación.

- Los movimientos sociales y los jóvenes y la vida política.

Conversar sobre el futuro de los jóvenes.

¡Ponte en marcha ya!

1 El español y yo

▸ **Completa el esquema con tu información personal, tu experiencia y tus opiniones. Luego, preséntate y comparte tu reflexión con tus compañeros.**

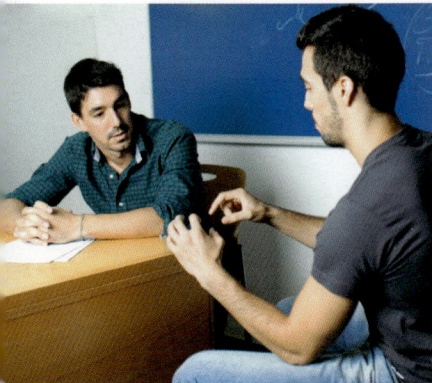

Mi **lengua materna** es ....

☐ ... y no se parece en nada al español.
☐ ... y se parece al español en ....
☐ ... y no se parece mucho al español, pero hay algunas palabras parecidas.
Por ejemplo, ...

También hablo (o he estudiado) estos **otros idiomas**: .... y
estos idiomas me ayudan cuando hablo español: ....

Mis **gustos, intereses y aficiones** son .... y creo
que me pueden ayudar en mis estudios de español porque ....

Mis **motivaciones** para aprender español son ....

2 Noticias sobre el español

▸ **Ponle título a cada texto y pon los verbos en la forma adecuada. Después, responde.**

Miércoles, 11 de septiembre 2013

LAVANGUARDIA.com | Internet

Ediciones ▾ | Quiero ▾ | Temas | Al minuto | Lo más | La Vanguardia TV | Fotos | Listas

Portada Internacional Política Economía Sucesos Opinión Deportes Vida Tecnología Cultura Gente Ocio Participación Hemeroteca Servicios

El español, con más de 495 millones de hablantes, es la segunda lengua del mundo, tras el chino, con más hablantes. El español también es el segundo idioma de comunicación internacional tras el inglés. Según esta tendencia, es más que probable que en 2030 el 7,5 % de la población mundial (ser) .....será...... hispanohablante (535 millones de personas), porcentaje que solo (ser) ....será......... superado por el chino. Dentro de tres o cuatro generaciones el 10 % de la población mundial (entenderse) se entenderán en español y será EE. UU. el país con mayor volumen de población hispanohablante en el mundo, por delante de México.

En Internet, también segundo
Por otro lado, se ha constatado que el español (ocupar) ha ocupado ya el tercer puesto como idioma más utilizado, tras el inglés y el chino. Su presencia en la red registra un crecimiento de más del 800 % en los últimos 10 años, con una distancia creciente con respecto al japonés, portugués o el alemán. En Twitter, el español es la segunda lengua más usada tras el inglés, a bastante distancia del árabe, ruso, italiano, francés y alemán. También en Facebook el español es una de las lenguas más empleadas con más de 80 millones de personas. Es decir, cada vez más, quien (querer) quiere comunicarse en la red (deber) debería hacerlo en español.

El informe refleja que unos 18 millones de alumnos estudian en el mundo el español como lengua extranjera. Sin embargo, parece increíble que las universidades de Brasil o China solo (poder) ...puede... aceptar el 30 % de las solicitudes (unos 25 000 estudiantes chinos) recibidas para estudiar castellano por la falta de profesores.

Adaptado de *lavanguardia.com*

Perú21.PE

Miércoles 11 de septiembre del 2013 | 15°

BUSCAR

Portada | Actualidad | Política | Deportes | Brasil 2014 | Economía | Mundo | Vida.21 | Espectáculos | Mis Finanzas | Chica.21 | Blogs | Reportuit

Además: Emprendedores ▪ Tecnología ▪ Entrevistas ▪ Cartelera ▪ Videojuegos ▪ El Otorongo ▪ Encuesta21 ▪ Clasificados ▪ Impresa

Es frecuente que, al preguntar por el nombre de la lengua de los hispanohablantes, (obtener) *obtiene* dos respuestas: *castellano* y *español*. Por lo general, empleamos ambos indistintamente; sin embargo, si pensamos en su origen entre estos dos términos existe alguna diferencia.

Nuestra lengua tiene su origen en el latín vulgar implantado en la península ibérica desde el siglo ɪɪɪ a. C. y que hacia el siglo ᴠɪɪ (irse) *se fue* fragmentando hasta dar lugar a las llamadas *lenguas romances*: castellano, catalán, gallego, portugués, entre otras.

Es lógico que el término *castellano* (relacionarse) *se relaciona* con Castilla, reino de la península ibérica, en donde se originó este dialecto y del que tenemos los primeros testimonios escritos en el siglo x. No obstante, no (ser) *era* hasta tres siglos después cuando el castellano (ser) *fue* reconocido como la lengua oficial del reino de Castilla, lo que (aumentar) *aumentó* su prestigio y su uso.

Hacia el siglo xᴠɪ, el castellano es ya una lengua reconocida dentro y fuera de la península y es precisamente fuera en donde nuestra lengua (empezar) *empezó* a ser llamada con un nuevo nombre: *español* o *lengua española*. El término *español* tuvo acogida entre los hispanos, pues el castellano ya no pertenecía solo a Castilla, sino a casi toda la península. Además, por esta época, el nombre de la lengua identificaba al lugar en que se hablaba; así, el francés (hacer) *hacía* referencia a Francia; el italiano, a Italia; el alemán, a Alemania y, por tanto, el español, a la Corona española.

Sin embargo, en España, hay aún quienes no (estar) *estaban* a favor del término *español*, pues consideran que excluye a las demás lenguas que se hablan allí: el gallego, el catalán y el vasco, de ahí que (preferir) *prefería* emplear *castellano*.

En América, en un principio, se prefirió el término *castellano* por ser la lengua que (traer) *traja* los conquistadores y, además, porque *español* evocaba el sometimiento a la Corona española, pero, actualmente, es indiferente que se (elegir) *elige* una u otra forma.

Así pues, no es raro que *español* (ser) *es* el término más internacional; de hecho, en otras lenguas se traduce como *Spanish, espagnol, Spanisch, spagnolo, spanhol,* etc. Asimismo, en el campo de la Lingüística, en la enseñanza a extranjeros y en la informática se prefiere emplear *español*.

En conclusión, dependerá del hablante la elección de uno u otro nombre cuando (querer) *quiere* referirse a la lengua de Cervantes, aunque es bueno que no (olvidar) *olvide* que ambos son igual de válidos.

(subj)

blogs.peru21.pe

1. ¿Cuáles de estos datos son verdaderos y cuáles falsos, según los textos?

	V	F
a) El chino es la lengua más usada internacionalmente para comunicarse.		✓
b) El español es la tercera lengua más hablada en el mundo.		✓
c) Estados Unidos es el país con mayor número de hispanohablantes.	☒	✓
d) En las redes sociales, el español ocupa la tercera posición entre los idiomas más usados.		✓
e) En países como Brasil o China hay una grave carencia de profesores de español.	✓	
f) En 2030 el 10 % de la población podrá comunicarse en español.	☒	✓

2. *Español* y *castellano*...
   a) ... son términos sinónimos.
   b) ... tienen diferente significado y uso en España y en América.
   c) ... hacen referencia a periodos históricos.

3. Aproximadamente en el siglo xᴠɪ, la palabra *español* se prefirió...
   a) ... por motivos políticos.
   b) ... porque se acostumbraba a identificar el idioma con el país donde se hablaba.
   c) ... por su origen en Castilla.

Referentes culturales hispánicos que conviene no olvidar

a. ▶ **¿Qué sabes de estos personajes hispanos? Completa los apuntes biográficos y relaciona cada dato con las personas. Compara los resultados con tus compañeros.**

A. Ortega   El Greco   E. Patarroyo   J. L. Borges   S. Ochoa   M. Induráin

a Cuando *murió/ha muerto* en 1986, *llevaba/llevó* ciego más de 30 años. Una enfermedad congénita le *provocó/había provocado* la ceguera a mediados de los cincuenta, pero no por ello *dejó/dejaba* de leer (le *leyeron/leían* en voz alta), de escribir ni de aprender nuevas lenguas.

b La filosofía del hombre que posee la tercera mayor fortuna del mundo es sencilla: una respuesta rápida y flexible al gusto del cliente. Las claves del milagro empresarial de Zara solo se entienden desentrañando la personalidad de su creador. Este leonés de nacimiento (Busdongo de Arbás, 1936) y gallego de adopción (La Coruña, 1944) nunca *se había ido/se fue* de vacaciones ni siquiera dos semanas hasta hace unos años.

c Esta persona, que es uno de los objetos de estudio de los profesores universitarios de Económicas y Empresariales y de directivos de otras compañías de confección y distribución, *ha dejado/dejó* la escuela a los 13 años. *Comenzó/Había comenzado* su carrera profesional como chico de los recados cobrando en función de su rendimiento. Hoy es una de las personas más ricas del mundo.

d Se *negó/había negado* a vender a las multinacionales farmacéuticas la patente de la vacuna contra la malaria, que *descubrió/había descubierto* anteriormente, y el mundo entero *vio/veía* en él a un nuevo don Quijote.

e Es uno de los cuatro ciclistas que *ha ganado/ganaba* el Tour de Francia en cinco ocasiones y el único que lo *ha logrado/había logrado* consecutivamente. *Ganó/Ganaba* las ediciones de 1991, 1992, 1993, 1994 y 1995.

f En una oportunidad, el científico *decía/dijo* una frase que *se ha hecho/se había hecho* célebre: «El amor es la fundición de física y química».

g Por los gustos del rey Felipe II para decorar su monasterio en El Escorial y la moda que *hubo/había* en la época, la obra del joven Doménikos Theotokópoulos *era/fue* rechazada y por eso *decidió/decidía* irse a Toledo.

h Se casó en 1986 con María Kodama, que *tenía/tuvo* casi 40 años menos que él. Se *habían conocido/conocían* en 1971 porque ella *era/fue* traductora de islandés, idioma en el que estaba interesado él. Se *convirtió/convertía* en su secretaria y colaboradora y, finalmente, en su mujer.

i Cuando se *retiró/había retirado*, *tenía/tuvo* 32 años y, además de los cinco Tours, *consiguió/había conseguido* dos Giros, un Mundial, el oro olímpico y el récord de la hora.

j *Era/Fue* un científico español y, desde 1956, también estadounidense, de renombre internacional que, en 1959 *había obtenido/obtuvo* el Premio Nobel de Fisiología y Medicina.

k *Nació/Ha nacido* en un pueblo colombiano y *se empeñó/se había empeñado* en encontrar una vacuna contra una enfermedad que *mataba/mató* cada año a 25 000 mujeres en su país.

l ¿Cómo *veía/había visto* el mundo este pintor de origen griego que *trabajó/había trabajado* casi toda su vida en Toledo? *Se ha dicho/Se dijo* muchas veces que sus figuras alargadas podrían ser consecuencia de un defecto visual. La idea es antigua, pero probablemente *fue/era* un recurso estilístico habitual en el arte religioso.

b. ▶ **Ahora, escucha y comprueba tus respuestas.**

Opina sobre el futuro del cine

Paso 1 Lee y escribe		sobre la situación del cine.
Paso 2 Escucha y cuenta		una crítica de una película.
Paso 3 Comprende e interactúa		para elegir una película.
Paso 4 Repasa y conversa		acerca del futuro de las salas de cine.

1 Aprende el vocabulario del cine

a. ▶ **Lee el texto y relaciona las palabras marcadas con estas explicaciones.**

- Los filmes.
- Billete que sirve para entrar a un espectáculo (concierto, evento deportivo, película, teatro, etc.).
- Páginas de un periódico donde se anuncian las películas que se pueden ver en la ciudad.
- Proyectarse por primera vez una película.
- Lugar donde se venden las entradas en un estadio, en un teatro o en un cine.
- Personas que asisten a un espectáculo.
- Lugar donde se proyectan las películas.
- Películas producidas en el propio país.

Público.es

Iniciar sesión | Regístrate

16/05/2013 - 11:10h

Google™ Búsqueda perso | **BUSCAR**

Portada | Opinión | Internacional | Política | Actualidad | España | Dinero | Ciencias | **Culturas** | Deportes | Motor | Multimedia | Servicios | Vivienda | **Andalucía**

Libros | Cine | Música | Videojuegos | Cartelera Cine | Con la música a otra parte

Cae la asistencia en las salas de cine españolas

Los datos provisionales del Observatorio Audiovisual Europeo también señalan el aumento de consumo de cine español

PÚBLICO.ES/EFE | Francia | 09/02/2012 15:40 | Actualizado: 09/02/2012 16:45

f Me gusta 44

10 Comentarios ★★★★★ **Media: 3.75** | **Votos: 8**   📷🔗🖨 g+1 2   f 🔗 🐦 g+ ✉

LO MÁS...

VIRAL | LEÍDO | VALORADO | COMENTADO

1. TVE explica cómo vestir a las hijas con decoro para que no provoquen
2. Punto de Fisión » Regreso al pasado
3. Una parlamentaria del PP valenciano se pregunta si la cifra de parados es el número del Gordo de Navidad
4. 'Nos gobiernan antipatriotas que odian España y su cultura y solo quieren destruirla'
5. El humor en tiempos de cólera

«No pensamos que haya sido una sorpresa para nadie la noticia del descenso, en un 7,1 %, de la asistencia de los españoles a las **salas de cine**», afirman desde el Observatorio Audiovisual Europeo. Sin embargo, sí es sorprendente que haya aumentado la presencia de **películas** españolas de **estreno** en nuestras **carteleras**, pasando de un 12,7 % el año pasado al 15,7 % de este año. Esta bajada no es porque las películas estrenadas hayan sido malas, sino porque ha habido muchas ofertas alternativas a las salas de cine. Pero este descenso no es cosa de España únicamente, sino de toda la Unión Europea. La República Checa (-20,3 %), Eslovaquia (-10,4 %) e Italia (-7,9 %) son los países con mayor descenso en la venta de **entradas**. En el sector cinematográfico europeo no ha sentado bien que hayan pasado por **taquilla** más de 4 millones de personas menos en los últimos doce meses.

No es difícil adivinar que Francia haya vuelto a ocupar este año el primer puesto en la lista de países más cinéfilos de Europa (con un aumento del 4,2 % de **espectadores**) o que sus películas nacionales hayan conseguido representar el 41,6 % de la cuota de pantalla, es decir, 4 de cada 10 películas que ven los franceses son de **producción nacional**. Sobre este último punto, entre los países donde la cuota de pantalla de filmes nacionales es más importante, tras Francia, se sitúan Italia (con el 37,5 % de las películas), Reino Unido (36,2 %) y Polonia (30,4 %).

Adaptado de publico.es

---

b. ▶ **¿Qué afirmaciones corresponden a lo que dice el texto?**

1. La disminución de venta de entradas para ir al cine es un problema exclusivo de España. ☐
2. Ha aumentado el porcentaje de películas nacionales en cartelera, pero ha descendido el número de espectadores. ☐
3. República Checa, Eslovaquia e Italia son los países con mayor aumento de ventas de entradas. ☐
4. Francia es el país donde más se ha incrementado la asistencia de público a las salas de cine. ☐
5. Francia e Italia son los países europeos donde hay un mayor porcentaje de películas nacionales en cartelera. ☐

2 Conoce el pretérito perfecto de subjuntivo

a. ▶ Reflexiona, completa y busca en el texto ejemplos para ilustrar la explicación.

PRETÉRITO PERFECTO DE SUBJUNTIVO		
(yo)	haya	
(tú, vos)	hayas	
(él, ella, usted)	haya	+ participio
(nosotros/as)	hayamos	
(vosotros/as)	hayáis	
(ellos, ellas, ustedes)	hayan	

Formación

El pretérito perfecto de subjuntivo se forma con el ....*subjuntivo*.... del verbo *haber* más el participio del verbo principal.

Significado y uso

Se usa en los mismos casos que el presente de ....*subjuntivo*...., pero en el contexto temporal del pretérito ....*perfecto*....

Ejemplos

1. *No pensamos que haya sido una sorpresa.*
2. .....*es sorprendente que haya aumentado*.....
3. .....*que sus películas nacionales hayan conseguido*.....

b. ▶ Completa estas opiniones con el verbo en pretérito perfecto de subjuntivo.

No creemos que el descenso se (deber) .... a la baja calidad de las películas.

Parece mentira que (descender) ...*haya descendido*... la venta de forma tan radical en solo un año. *← 3.ª subj.*

Espero que el Gobierno (aprender) ...*haya aprendido*... y que el año que viene mejoren los datos.

No creo que las películas españolas de este año (ser) ...*hayan sido*... peores que las de otros, es solo una cuestión comercial.

Ojalá el Ministerio de Cultura (tomar) .... buenas decisiones para la industria del cine en la reunión de esta mañana.

Posiblemente las descargas ilegales de películas de Internet (influir) ...*hayan influido*... en que haya menos asistencia a las salas de cine.

3 Escribe sobre las causas del descenso de espectadores

a. ▶ Localiza estos recursos en el texto de entrada y completa con ellos esta explicación.

Recursos
No es porque…, sino porque…
Pero…
Sin embargo…
Sino…

Ha bajado el número de espectadores en los cines españoles, ...*pero*... .... ha habido más estrenos. ...*Sin embargo*..., no es solo cosa de España, ...*sino*... de toda la Unión Europea. La bajada de venta de entradas ...*no es porque*... hayan subido los precios, ...*sino porque*... hay una competencia grande de la televisión y las descargas de Internet.

b. ▶ Lee estas posibles causas del descenso de público en los cines de Europa y escribe un texto en el que expongas una opinión contraria a estos argumentos y aportes nuevas ideas.

El descenso de espectadores se ha debido al aumento del precio de las entradas.

Hay menos público en las salas de cine porque la gente descarga ilegalmente películas de Internet.

Va menos gente al cine porque ha bajado la calidad de las películas.

La oferta de películas de estreno ha aumentado en los videoclubs.

Las personas asisten menos al cine porque pueden ver las películas *on-line* por menos dinero.

Paso 2
Escucha y cuenta
Una crítica de una película

1 Infórmate sobre películas

a. ▶ Escucha e identifica.

[Sinopsis]   [Tráiler]   [Crítica cinematográfica]

b. ▶ Escucha de nuevo y di a qué película corresponde cada afirmación.

	Pan negro	No habrá paz para los malvados	La piel que habito
La película está dirigida por Pedro Almodóvar.	☐	☐	☐
La historia se desarrolla durante la Guerra Civil.	☐	☐	☐
Es una película policiaca que ocurre en la capital de España.	☐	☐	☐
Hay una investigación de un asesinato.	☐	☐	☐
En la película actúa un niño.	☐	☐	☐
El idioma de la película es el catalán.	☐	☐	☐

2 Amplía el léxico del cine y aprende a hacer una crítica

a. ▶ Completa el mapa con las palabras y expresiones del cuadro.

• Largometraje • Productor • Banda sonora • Actor principal • No apta para menores de 18 años
• Guionista • Rodar • Actor secundario • Guion

Cortometraje

No apta para menores de 18 años

Apta para todos los públicos

Largometraje

Calificación

Duración

to premiere

Estrenar

Cine

Actor principal

Actividades

Personas

Actor secundario

wear for the first time

Rodar

to shoot

Componentes

productor

Guion

[gee-on]

Banda sonora

Efectos especiales

b. ▶ Completa estos fragmentos de críticas cinematográficas con las palabras y expresiones de la actividad anterior.

> Lo mejor de esta película no es el ...., ya que es una historia bastante simple, sino la labor del actor .... y de los actores ....

> La película se va a .... en Navidad, fecha en la que los niños están de vacaciones. Por supuesto, tiene calificación de ....

> La película cuenta con una .... magnífica, con canciones interpretadas por algunos de los grupos de *rock* más populares actualmente. También hay que destacar los espectaculares .... hechos por ordenador.

c. ▶ ¿Cuál de las tres películas te gustaría ver? ¿Por qué?

---

3 ## Distingue el presente y el perfecto de subjuntivo

▶ Lee la explicación y completa estos fragmentos de críticas cinematográficas con presente o pretérito perfecto de subjuntivo.

1. La película, rodada en catalán, probablemente (ser) *haya sido* la gran sorpresa del festival que ha concluido hoy domingo.

2. Almodóvar necesita un director de *marketing* que (desarrollar) *desarrolle* su promoción en EE. UU.) — *Estados Unidos*

3. Nunca he visto a un actor que (conseguir) *haya conseguido* identificarse tanto con su personaje como lo ha hecho con Santos Trinidad, el inspector de policía al que interpreta.

4. No es que Pedro Almodóvar (hacer) *haya hecho* una película de terror, sino que ha hecho un homenaje a uno de los clásicos del género, Frankenstein.

5. Es natural que el éxito de la película le (abrir) *abra* las puertas de los grandes festivales que tendrán lugar a partir de ahora.

6. Esperamos que (tener) *tenga* suerte en los Premios Goya tanto el director como los actores.

Gramática

¡RECUERDA!
En las estructuras que rigen subjuntivo (opinión negativa, valoración, probabilidad, deseo...), usamos el presente de subjuntivo para referirnos al presente o al futuro y el pretérito perfecto de subjuntivo para referirnos a acciones ya realizadas.

---

4 ## Cuenta una crítica cinematográfica

▶ Elige un caso y cuéntalo a tus compañeros.

> La peor película que he visto en mi vida.

> Una película que he visto muchas veces y nunca me canso de verla.

> La primera película que vi en el cine.

1 Expresa tus gustos y hábitos sobre el cine

a. ▶ **¿Con cuál de las siguientes opiniones estás más de acuerdo?**

> Yo normalmente no voy a ver estrenos. Hay que hacer cola para comprar la entrada porque siempre hay mucha gente, buscar al acomodador para que te lleve a tu butaca... prefiero esperar unas semanas y alquilar la película para verla en casa tranquilamente.

> Para elegir qué película ver en el cine me gusta leer críticas. Tengo que conocer a los actores y al director y tener una idea del argumento. ¡Ah! Y si es una película basada en un libro, tengo que leerlo antes de ver la peli.

> Prefiero la televisión al cine. Es mejor para entretenerse porque me gusta comentar lo que pasa en las películas mientras las veo y en la sala de cine no se puede.

> A mí me encanta el cine. Siempre intento ir a los estrenos y, además, todas las semanas voy el día del espectador porque es más barato. Siempre lo paso en grande... es mi afición favorita.

b. ▶ **Completa los diálogos con las palabras señaladas.**

En la taquilla

- ¿De qué va esta película?
- ○ He leído una ...crítica... y es una historia de amor.
- Es una historia real.
- ○ No, no. Es una adaptación. Está ...basada... ...en un libro... de un escritor argentino.

En el coche

- ¡Cuánta gente hay en el aparcamiento! Vamos a llegar tarde.
- ○ Si quieres, me bajo ahora y me pongo en la ...cola... para comprar las entradas.
- Vale, buena idea. Nos vemos en la taquilla.

En la sala

- Macarena, tú tienes las entradas, ¿qué ...butaca... tenemos?
- ○ Fila 12, asientos 7, 8 y 9.
- ¡Esta sala es enorme! Vamos a buscar al ...acomodador... para que nos ayude.

En casa

El miércoles me fui al cine con los niños. Estábamos en casa y pensé: «¿Cómo podrán ...entretenerse... esta tarde que está lloviendo?». Y recordé que era miércoles, el ...día del espectador..., y las entradas estaban al 50 % y lo ...paso en grande... .

2 **Conoce algunos éxitos del cine hispano y profundiza en el uso de indicativo y subjuntivo**

a. ▶ Completa estas noticias con presente (de indicativo o de subjuntivo) o pretérito perfecto (de indicativo o de subjuntivo) y conoce algo más del cine latinoamericano.

1. Jorge Drexler (ganar) .... el Óscar a la mejor canción por *Al otro lado del río*. Es la primera vez que una canción en español (conseguir) .... la estatuilla en esta categoría y no porque no (haber) .... canciones de calidad antes.

2. *El laberinto del fauno* (conquistar) .... tres premios Óscar de los seis a los que estaba nominada. No creo que (ser)................... la mejor película extranjera del año, pero sí (saber) .... combinar con maestría dos géneros tan diferentes como el fantástico y el histórico.

3. *El secreto de sus ojos* (convertirse) .... en la segunda película producida en América Latina que se lleva la estatuilla como mejor película extranjera. Es increíble que solo (poder) .... ganar este premio dos filmes en todos estos años... esperamos que, en años sucesivos, el cine latinoamericano (subir) .... al escenario a recoger nuevos galardones.

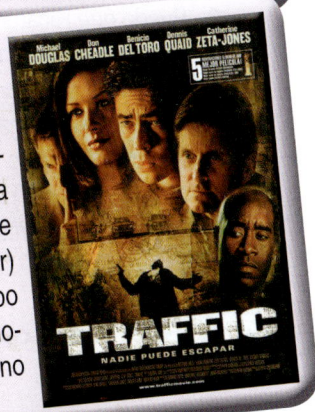

4. Benicio del Toro (ganar) .... el Óscar como mejor actor de reparto en 2001 por su participación en *Traffic*. El actor portorriqueño ha afirmado recientemente que ese premio le (permitir) .... llevar a cabo proyectos como *Che*, una biografía del guerrillero argentino Ernesto Guevara.

b. ▶ **¿Qué sabes del cine de tu país o del cine en tu lengua? Cuéntaselo a tus compañeros.**

Películas   Actores   Directores   Premios

3 **Elige la película adecuada**

▶ **Elige una situación y di cuál es la película ideal para ese caso. Recomiéndala a tus compañeros: por qué te gusta, cuál es su argumento, etc.**

Para una noche romántica con tu pareja

Una tarde lluviosa con los más pequeños de la casa

La película que he visto mil veces y nunca me canso de ella

Paso 4
Repasa y conversa
Sobre el cine

1 Repasa y amplía el pretérito perfecto de subjuntivo

a. ▶ **Transforma oralmente, según el modelo.**

1. Han llegado tarde al cine. ‖ No creo que... *hayan llegado tarde al cine.*
2. Mañana a esta hora habrán dado ya el premio al mejor actor. ‖ Es probable que... *hayan habrado*
3. Ya hemos recibido las invitaciones para el festival. ‖ Ojalá... *hayamos recibido*
4. Este actor ha trabajado con los directores más importantes. ‖ Buscamos un actor que... *haya trabajado*
5. Ha ganado el premio a la mejor fotografía. ‖ Es increíble que... *haya ganado*
6. No han podido ver la película porque se han confundido de sala. ‖ Se han equivocado de sala, de ahí que... *no hayan*

b. ▶ **Completa con presente o pretérito perfecto de subjuntivo.**

1. ¡Qué extraño que no (llegar) ....*hayan llegado*........ los actores al teatro todavía! La gente los esperaba a las 21:00 y ya son las 21:20.
2. Puede que Ricardo Darín (volver) *vuelva*..... a actuar con Juan José Campanella en su próxima película.
3. Todavía no sabemos a qué hora será la rueda de prensa de Pedro Almodóvar, pero les informaremos en cuanto (saber) ....*sepamos*.... algo.
4. Las películas ganadoras se volverán a proyectar en los cines más importantes del país, de ahí que (poder) *puedan*.. disfrutar de nuevo de las mejores películas del año a partir del próximo viernes.
5. No creo que (ver) *hayan visto* esa película todavía. Se ha estrenado hace poco y creo que les va a gustar a los chicos.
6. Es muy importante que el Ministerio de Cultura (dar) ...*dé*........... más subvenciones a los jóvenes directores para que (realizar) *realice*... sus proyectos.

c. ▶ **Subraya la opción adecuada.**

1. Creo que *han dicho/hayan dicho* que el estreno de la película es el viernes 30 de mayo.
2. Me parece increíble que no *ha conseguido/haya conseguido* el premio Javier Bardem.
3. Cuando *terminará/haya terminado* el festival, viajarán a Estados Unidos a hacer la promoción de la película.
4. El jurado ha visto esta mañana la película, pero no parece que les *ha gustado/haya gustado* mucho.
5. La novela es impresionante, realmente impactante... por eso Juan Antonio y yo *hemos decidido/hayamos decidido* hacer una adaptación al cine.
6. El domingo por la noche es la ceremonia de entrega de los premios. Esperamos que no *habrá/haya* muchas sorpresas y nuestros representantes *ganarán/ganen* algún premio.

2 Repasa y amplía el vocabulario de los géneros cinematográficos

a. ▶ **Asocia los géneros con los carteles de las películas.**

Del oeste ....

De miedo o terror ....

De ciencia ficción ....

Drama ....

Comedia ....

De amor o romántica ....

Policiaca ....

Musical ....

De animación ....

Histórica ....

a LOS AMANTES DEL CÍRCULO POLAR

b EL SECRETO DE SUS OJOS

c EL LABERINTO DEL FAUNO

d [·REC]

e Un cuento CHINO

f 800 BALAS

g CELDA 211

h LAS AVENTURAS DE TADEO JONES EN 2D

i LA JAULA DE ORO

j NO HABRÁ PAZ PARA LOS MALVADOS

k VITA

b. ▶ **Completa la ficha técnica de esta película con las palabras del cuadro.**

Duración • Género • Título • Actores • País • Producción • Calificación • Fecha de estreno • Idioma • Director

..................: **EL SECRETO DE SUS OJOS**

Valoración:
★★★★

.... : Juan José Campanella
.... : Argentina
.... : Español
.... : 13 agosto 2009
.... : 127 minutos
.... : *Thriller*
.... : No recomendada para menores de 18 años
.... : Ricardo Darín, Soledad Villamil, Guillermo Fran-
cella, José Luis Gioia
.... : Tornasol Films, 100 Bares, Haddock Films

c. ▶ **Escucha, señala a qué película corresponde cada sinopsis y di si las afirmaciones son verdaderas o falsas.**

	V	F
1. *Tadeo Jones* es un cortometraje de animación peruano sobre un arqueólogo que defiende la Ciudad Perdida de los incas.		
2. *Un cuento chino* trata sobre los problemas de comunicación y los choques culturales.		
3. En *Un cuento chino*, un taxista argentino, de Buenos Aires, se pierde en China y ahí comienzan las aventuras.		
4. *Celda 211* cuenta la historia de un chico que está preso y tiene un sueño.		

Conversa

3 ¿Qué opinas sobre el futuro del cine? ¿Sobrevivirán las salas de cine? ¿Ya solo veremos películas en nuestros dispositivos electrónicos? Expresa tu opinión.

a. ▶ **Antes, lee este texto y responde a las preguntas.**

La Voz de Galicia.es ▾ Edición en **Castellano**

Portada ▾ | Vida digital

Temas ▾ | Cumbre de la UE | Julio Fernández Gayoso | Copago farmacéutico | Emigración | «Disculpen, soy feliz» | Eurocopa

ÚTIL | 15
A+ | f
A− |
✉ | Q +1
🖨 |

VIDA DIGITAL

Google presenta su videoclub virtual

Google ha presentado en España su videoclub virtual, que permite a los internautas alquilar películas desde la web, las tabletas o los dispositivos móviles, según informa en su página web. Este servicio ya estaba disponible en otros países como Francia, EE. UU. o Canadá.

Los usuarios podrán encontrar en Google Play Movies multitud de largometrajes producidos por los principales estudios españoles y estadounidenses, tanto estrenos recientes, cintas premiadas o grandes clásicos. Además, se habilitará una sección de cortometrajes (filmes de menos de 30 minutos) a menor precio. Para ello, Google Play se ha asociado con estudios independientes españoles como Aurum, Filmin y Vértice 360, y otros internacionales como Disney, NBC Universal, Paramount Pictures y Sony Pictures Home Entertainment.

El precio de los estrenos de Google Play Movies es de 3,99 euros para visión en definición estándar y 4,99 euros para alta definición mientras que los títulos de filmoteca de este videoclub virtual cuestan 1,99 euros y 2,99 euros respectivamente.

Para la mayoría de las películas disponibles en el nuevo videoclub, los espectadores tendrán un plazo de 30 días para comenzar a verlas y, al hacerlo, los filmes de Google Play Movies deberán verse en un plazo máximo de 48 horas.

Adaptado de lavozdegalicia.es

1. ¿Has utilizado este servicio u otro similar de alquiler de películas *on-line*?

2. ¿Qué ventajas e inconvenientes piensas que tiene este servicio?

3. ¿Crees que este tipo de proyecto puede ayudar a que haya menos piratería en Internet?

4. ¿Consideras que Google Play Movies u otras páginas similares pueden afectar a la asistencia de espectadores a las salas de cine?

5. ¿En qué medida piensas que puede afectar a la industria del cine?

PARA OPINAR
- A mi modo de ver... *according to me*
- Según yo lo veo...
- La pregunta me hace pensar en que...

PARA HABLAR DE VENTAJAS E INCONVENIENTES
- Como puntos fuertes/débiles, veo...
- Como fortalezas/debilidades, me parece que...

- Las ventajas/Los inconvenientes son claros:...

PARA HACER PREVISIONES
- Siendo optimistas, podemos pensar que...
- Viéndolo desde una óptica negativa...
- Pensando en el futuro...
- Viendo el desarrollo de la situación actual...

b. ▶ **Comenta con tus compañeros esta noticia. ¿Cuál es tu opinión sobre el tema?**

Discute ahora con tus compañeros el futuro del cine tal y como lo conocemos hoy.

Argumenta sobre el valor de los grandes deportistas

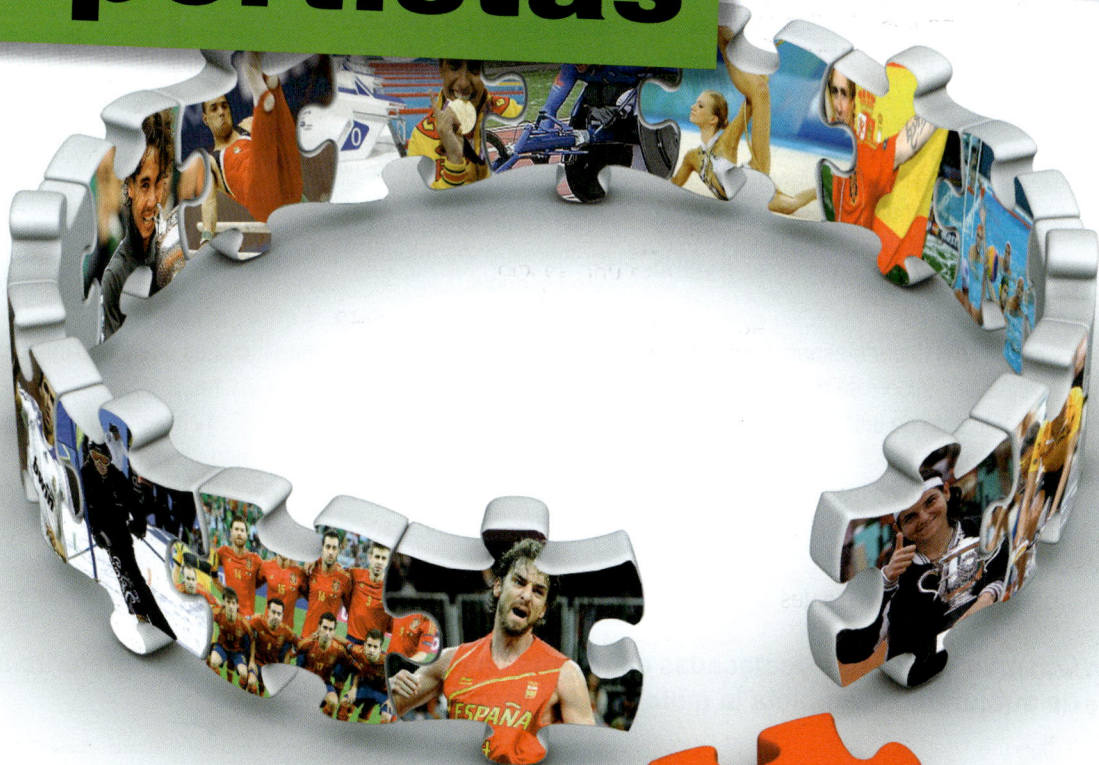

Paso 1	sobre el deporte y tú.
Comprende e interactúa	
Paso 2	tus momentos más emocionantes.
Escucha y cuenta	
Paso 3	acerca de tu deporte favorito.
Lee y escribe	
Paso 4	si está justificado lo que ganan los futbolistas.
Repasa y conversa	

1 Lee, infórmate y conoce el imperfecto de subjuntivo

a. ▶ **Lee y marca la respuesta correcta.**

MARCA.COM
Líderes en internet: ayer, 3.395.092 usuarios

Fórmula 1 Toda la información de la Fórmula 1

Marca en inglés Spanish football, minute by minute

21.7°C 37.3°C **renfe** Madrid

Fútbol América Motor Baloncesto NBA Tenis Ciclismo Golf Balonmano Más deportes Opinión Apuestas Multimedia Juegos MundoMARCA

Lunes, 08/07/2013. Actualizado:

EN VIVO ● MERCADO MOVIMIENTOS, FICHAJES... ○ CHARLA (12 H.) EMILIO CONTRERAS

● ESCUCHA DIRECTO MARCA ○ CHARLA (17 H.) MANOLO SANCHIS

Repetir *invertir*

   Para todos los niños y los adolescentes españoles es normal ver a sus deportistas y a su equipo nacional ganar y ganar, pero para la gran mayoría fue increíble que un español **se convirtiera** en campeón del mundo de Fórmula 1 y que **repitiera** al año siguiente; durante muchos años fue impensable que la selección española de fútbol **levantara** el trofeo de Campeón del Mundo y de Campeón de Europa; era imposible imaginar que los chicos de la selección nacional de baloncesto **vencieran** también en un Mundial... pero no podemos decir que **fuera** casualidad que todo eso **empezara** a ocurrir precisamente con la llegada del siglo XXI.

   La realidad es que existe todo un entramado que ha conseguido que nuestros equipos hayan vencido en diferentes ámbitos deportivos. Pensamos que fue determinante que las instituciones oficiales **invirtieran** en el deporte base gracias a los Juegos Olímpicos de Barcelona de 1992 y que, en consecuencia, los españoles **comenzaran** a practicar con mucha más frecuencia todo tipo de deportes.
   Pero no podemos olvidar que cualquier esfuerzo de las instituciones sería imposible sin el talento individual de los Gasol, Navarro, Nadal, Contador, Lorenzo, Alonso o los futbolistas de la selección española.

BONUS INGRESO DE 100€ bet365

EN JUEGO
TENIS Istanbul, Singles W-C25-TUR-2
Sezer, Melis 0 2
Saitova, Anastasiya 0 5
1ER. SET 01:05 5/24
ELIGE COMPETICIÓN EN DIRECTO
Competiciones
Solo hasta el 31-07-13 SOLO POR INTERNET "la Caixa"
Trae tu nómina y llévate un TV LED o un tablet Galaxy

a. El éxito del deporte español a principios del siglo XXI se debe...
   1. al talento de una generación de deportistas.
   2. al esfuerzo de las instituciones.
   3. a una combinación de ambos factores.

b. La participación activa de los organismos oficiales en el deporte base tiene sus orígenes en...
   1. las demandas de los chicos.
   2. las Olimpiadas de Barcelona.
   3. unos fines electorales.

c. Los Juegos Olímpicos de Barcelona...
   1. hicieron que los españoles empezaran a ganar.
   2. promovieron el talento individual.
   3. animaron a los organismos oficiales a invertir en el deporte.

b. ▶ **Observa las formas destacadas en negrita en el texto, corresponden al pretérito imperfecto de subjuntivo. Completa la tabla con las formas que faltan.**

Gramática

CÓMO SE FORMA

El pretérito imperfecto de subjuntivo se forma a partir de la tercera persona del plural del pretérito perfecto simple, quitando la terminación -ron obtenemos la raíz de este tiempo verbal.
Por ejemplo: *ganar > ganaron > gana- > ganara.* Y con los verbos irregulares es igual: *ser/ir > fueron > fue- > fuera.*

PRETÉRITO IMPERFECTO DE SUBJUNTIVO

	Empezar	Vencer	Repetir
(yo)	empezara	venciera	repitiera
(tú, vos)	empezaras	vencieras	repitieras
(él, ella, usted)	empezara	venciera	repitiera
(nosotros/as)	empezáramos	venciéramos	repitiéramos
(vosotros/as)	empezarais	vencierais	repitierais
(ellos, ellas, ustedes)	empezaran	vencieran	repitieron

c. ▶ Completa las siguientes frases con la forma correspondiente del pretérito imperfecto de subjuntivo.

to be able to

1. Sin el esfuerzo desde la base no creo que (lograrse) se *lograra* éxitos deportivos.

2. Quizás España (cambiar) .... tras los Juegos Olímpicos de 1992, no lo sabemos, lo cierto es que a partir de esa fecha los logros deportivos han sido mayores.

3. Siempre pensábamos que España tenía mala suerte en las competiciones, nadie pensó que no (alcanzar) .... éxitos deportivos por falta de preparación.

4. No pienso que (subir) .... el nivel del deporte en España por una mayor inversión económica.

5. Puede que la selección de fútbol (llegar) .... a la final del Mundial con algo de suerte.

2 Interactúa y comenta estas noticias

a. ▶ Comenta los siguientes titulares de la prensa deportiva con tu compañero. Deberás usar las expresiones del cuadro para practicar el nuevo tiempo que has aprendido.

España ganó por 4-0 a Italia en la final de la Eurocopa. Nunca en una final se habían marcado tantos goles.

express idea

Nadie pensaba que...
Quizás... → *can be indica tive or subj*
Puede (ser) que...
No creo que...
No recuerdo que...

Puede ser que la gente esperara que España ganara, pero no por tanta diferencia.

Nuevo récord de los 100 metros. Usain Bolt logró bajar de los 9 segundos.

El austriaco Felix Baumgartner saltó desde la estratosfera en paracaídas y se convirtió en el primer ser humano que rompió la barrera del sonido.

Messi logró marcar en un año 91 goles y superó el récord que tenía el alemán Müller desde hacía más de 40 años.

Nadal estuvo sin competir más de cinco meses y había dudas sobre su estado de forma.

b. ▶ Ahora elige uno de los temas y escribe un texto.

1 **Escucha y comprende una noticia sobre el fútbol español y amplía tu vocabulario**

a. ▶ Ordena las fases del campeonato desde el principio hasta la final.

Cuartos de final	Semifinal	Final	Fase de grupos	Octavos de final
3	4	5	1	2

4 **b.** ▶ Escucha y ordena cronológicamente.

▶ Un jugador de España terminó el partido con la nariz rota.

▶ España logra su segunda Eurocopa del siglo XXI.

▶ Era un partido aparentemente fácil, pero acabó con la eliminación de España.

▶ Antes de la triple corona lo más cerca que había estado España de una final fueron unas semifinales.

▶ El árbitro tuvo mucho que ver en la derrota de España.

▶ España levanta el título de Campeón del Mundo.

c. ▶ Escucha de nuevo, si lo necesitas, y di si las siguientes afirmaciones son verdaderas o falsas. Después, relaciona las palabras marcadas con su definición.

V F

1. España ganó tres **torneos** consecutivos: el Mundial 2008, la Eurocopa 2010 y el Mundial 2012. ☐ ☐

2. España cayó en semifinales en el Mundial de Brasil de 1950. ☐ ☐

3. En 1986 en México, España se clasificó en la **prórroga**, tras terminar el partido en **empate**. ☐ ☐

4. En 1994 en Estados Unidos, España empató ante Corea del Sur en la fase de grupos. ☐ ☐

5. En los Mundiales de 1994 y de 2002, la eliminación de España fue por culpa de los **árbitros**. ☐ ☐

6. España en los Mundiales **quedó eliminada** cuatro veces en cuartos de final. ☐ ☐

árbitros (referee)	→	Persona que juzga la legalidad de las acciones en un partido de fútbol.
empate (draw)	→	Resultado en el que los dos equipos tienen los mismos goles.
torneos	→	Campeonato.
quedó eliminada	→	Quedar fuera de un torneo.
prórroga	→	Tiempo extra. Prolongación cuando el partido termina en empate.

2 Aprende a expresar sentimientos

a. ▶ **Lee las experiencias de estas personas y completa la explicación.**

> Nos alegró muchísimo que España consiguiera el triplete Eurocopa-Mundial-Eurocopa, algo que nunca antes lo había logrado ninguna selección.

> Me pareció sorprendente que España ganara a Italia con tanta facilidad en la final de la Eurocopa de 2012.

> Es increíble que la natación sea el deporte más practicado en España.

> A Rafa Nadal le emocionó ganar el séptimo Roland Garros tanto o más que el primero.

> Me gustó que Iker besara a Sara Carbonero cuando ganó el Mundial. Fue muy romántico.

> Pedrosa tuvo miedo de lesionarse gravemente tras su última caída en el circuito.

> España temía perder de nuevo en cuartos de final.

> Fue una suerte que Torres marcara en la final de la Eurocopa.

Gramática

EXPRESAR SENTIMIENTOS

Verbo de sentimiento + ...
cuando es el mismo sujeto.
Ejemplo: ....
....

Verbo de sentimiento + *que* + ...
.... cuando son sujetos diferentes.
Ejemplo: ....
....

b. ▶ **Copia la tabla y clasifica en ella los verbos de las frases anteriores y añade otros que conozcas. Después, completa con infinitivo, presente o pretérito imperfecto de subjuntivo.**

Sentimientos positivos	Sentimientos neutros	Sentimientos negativos
		Frustrar

1. A mí me emocionó que España (ganar) .... su primer Mundial.
2. Todavía me sorprende que en España el fútbol sala (ser) .... más practicado que el fútbol.
3. Me alegro de que (venir, vosotros) .... al partido, lo pasamos genial.
4. Me gusta (ganar)............................. a todos los deportes.
5. Lamento que tu equipo (perder) .... en la final.
6. Es una suerte que Fernando Alonso (fichar) .... por Ferrari.
7. Nos gusta que el próximo Mundial (ser) .... en Brasil.

3 Cuenta el momento más emocionante que has vivido

▶ Y a ti, ¿qué te emocionó, enfadó, sorprendió...? Cuéntale a tus compañeros algún acontecimiento deportivo y qué sentimientos te produjo.

> Me emocionó que mi equipo ganara la Liga, pero me enfadó mucho que no saliera la noticia en la televisión.

1 Lee un reportaje sobre el deporte paralímpico y conoce el nombre de otros deportes

a. ▶ Lee y ponle título.

🔊 t f 📧 ✉ Hemeroteca | Suscríbete ▼ Clasificados ▼   Lunes, 17 junio 2013   🎬 Cartelera 📺 TV 🚗 Tráfico 👤 Identifícate / Regístrate

www.farodevigo.es

FARO DE VIGO

Patrocinador: **renfe**   Vigo 19 / 12°

Local   Galicia   Actualidad   Deportes   Economía   Opinión   Ocio   Vida y Estilo   Comunidad   Multimedia   Servicios

Gran Vigo   Comarcas   Morrazo   Pontevedra   Deza-Tabeirós-Montes   Arousa   Ourense · Canal Celta   Club Faro   Titulares   **España en Verano   Versión Galego**

ÚLTIMA HORA   **El Arenas de Getxo, rival del Celta B, en la ronda definitiva por el ascenso**

Los deportistas españoles buscarán volver a brillar en los próximos Juegos Paralímpicos y conseguir que España se consagre como una de las grandes potencias paralímpicas. Cualquier resultado entre los diez primeros será un buen resultado, un objetivo que parece accesible viendo los resultados conquistados desde Barcelona 1992, donde se superaron el centenar de medallas (107).

Por un lado, la delegación nacional ha demostrado ante el mundo contar con muchos de los mejores deportistas discapacitados. En Pekín logró un total de 58, con el sabor amargo de no alcanzar las 60, para acabar en la décima plaza, posición que, pese a todo, cualquiera no puede conseguirlo. Ahora, con un equipo *veterano*, conformado por un total de 142 atletas, intentará seguir mostrando su progresión.

Por otro, la delegación nacional estará presente en la próxima cita paralímpica en 16 de las 21 disciplinas del programa paralímpico, faltando únicamente en **fútbol 7**, *goalball*, **hípica, rugby** y **voleibol**, ya que hay deportistas discapacitados integrados ya en las Federaciones Españolas de **ciclismo, remo, tenis de mesa, vela, yudo y boxeo.**

Además, España es competitiva en cualquiera de las disciplinas paralímpicas, pero, si hay que hablar de un deporte donde España es líder, ese es la **natación**. España tiene impecables nadadores, liderados por figuras como la abanderada Teresa Perales, la *Phelps* española, mezcla de veteranía y juventud, Sarai Gascón, Richard Oribe, Xavi Torres o Sebastián Rodríguez, entre otros. La natación acaparó la atención en el Water Cube de Pekín, consiguiendo más de la mitad de las medallas, un total de 31, y en los próximos Juegos volverá a ser la representación más numerosa, con 37 competidores. De esta forma, el agua aspira a volver a dar numerosas alegrías.

En conclusión, en cualquier Olimpiada desde Barcelona 1992, los buenos resultados han sido algo habitual, pero si hay algo que une a esta increíble generación de atletas es su afán de superación y la práctica del deporte en estado puro, sin otros intereses de por medio.

Adaptado de farodevigo.es

---

b. ▶ Corrige la información que, según el texto, no es correcta.

1. La selección española de deportistas paralímpicos apenas consiguió 100 medallas en Barcelona 1992.
No es que la selección española paralímpica consiguiera menos de 100 medallas, sino que llegó a 107.

2. Como cada vez hay más nivel deportivo en las Paralimpiadas será imposible para España ganar medallas.
....

3. Las Olimpiadas de Pekín fueron un fracaso porque no se alcanzaron 60 medallas.
....

4. Los atletas españoles son demasiado mayores para participar en los siguientes Juegos Olímpicos.
....

5. España tiene grandes nadadores que ganaron casi 20 medallas.
No es que los grandes nadadores ganaran 20 medallas
sino que ganaron 31 medallas

Gramática

PARA CORREGIR INFORMACIÓN

No porque + subjuntivo,
sino porque + indicativo.

No es que + subjuntivo, *es que/sino que* + indicativo.

c. ▶ **Relaciona los deportes marcados en negrita con las siguientes categorías deportivas.**

Deportes de equipo	Deportes acuáticos	Deportes de contacto	Deportes individuales

2 Descubre el pronombre indefinido *cualquiera*

▶ **Marca los pronombres *cualquier* y *cualquiera* en el texto y busca ejemplos para completar la explicación. Luego, elige la opción adecuada.**

Gramática

(any at all)

→ becomes cualquiera after noun eg libro cualquiera.

CUALQUIER Y CUALQUIERA

- Se usa el adjetivo ...*cualquier*... cuando va seguido de un sustantivo. Hace referencia a algo indeterminado.
  Ejemplo: *Cualquier resultado entre los diez primeros sería un buen resultado.*
- ...*Cualquiera*... es un pronombre y se usa sin sustantivo después porque sustituye a ...*verb*... + sustantivo.
  Ejemplo: ...*Cualquiera no puede conseguirlo*...

1. *Cualquier/Cualquiera* ciudad puede solicitar ser sede de un acontecimiento deportivo internacional.

2. No *cualquier/cualquiera* se puede convertir en deportista olímpico.

3. – ¿Qué partido quieres ver?
  – No me importa, *cualquier/cualquiera*.

4. – Quiero comprarme la camiseta de la selección española.
  – No te preocupes, la puedes encontrar en *cualquiera/cualquier* tienda de deporte.

3 Escribe acerca de tu deporte preferido

a. ▶ **Primero, observa los recursos para ordenar el discurso y anota cuatro que hay en el texto en la casilla correspondiente.**

Recursos

Para ordenar el discurso			
En primer lugar, Para empezar, ...	En segundo lugar, Para seguir, ...	Igualmente, Por otra parte, ...	En resumen, Esto es, ...

b. ▶ **¿Y tú? ¿Qué tipo de deporte prefieres?, ¿deportes individuales o de equipo?, ¿de contacto o acuáticos?, ¿de invierno o de verano? Escribe un pequeño texto argumentando tu respuesta y exponiendo ventajas e inconvenientes de cada uno.**

Paso 4
Repasa y conversa
Los deportistas y el deporte

1 Repasa el pretérito imperfecto de subjuntivo

a. ▸ **Completa la tabla.**

Verbo	Pretérito perf. simple (ellos)	Pretérito imperfecto subjuntivo (tú)	Verbo	Pretérito perf. simple (ellos)	Pretérito imperfecto subjuntivo (nosotros)
Escribir	*Escribieron*	*Escribieras*	Hacer		
Poner			Ver		
Salir			Conducir		
Venir			Haber		
Dormir			Dar		
Traer			Pedir		
Ir/ser			Estar		

b. ▸ **Completa con el pretérito imperfecto de subjuntivo.**

1. Probablemente la selección de baloncesto que ganó la medalla de plata en Los Ángeles (ser) .... la mejor selección europea de aquella época.

2. A la infanta Elena le emocionó que su hermano, el príncipe, (salir) .... como abanderado en Barcelona 1992.

3. A la gente le sorprendió que EE. UU. (traer)............................... a su *Dream team* de baloncesto en los JJ. OO. de 1992.

4. Es normal que muchos futbolistas no (dormir) .... bien pensando en la final del Mundial de Sudáfrica.

5. Me llamó la atención que mucha gente (conducir) .... desde España hasta Polonia para ver la Eurocopa de fútbol.

6. Lo más seguro es que al portero de la selección de fútbol le (pedir) .... más autógrafos que a nadie durante la última Eurocopa de fútbol.

7. A todo el mundo le sorprendió que el seleccionador no (poner) .... a los mejores jugadores en el equipo titular.

2 Repasa los indefinidos cualquier o cualquiera

▸ **Completa con *cualquier* o *cualquiera*.**

1. Con el nivel actual en el fútbol europeo ...Cualquier........ equipo puede ganar la Liga de Campeones.

2. No pienso que ......cualquiera...... pueda jugar en un equipo de Primera División. Es muy complicado.

3. Hoy en día ....cualquiera.....puede jugar al golf. Ya no es un deporte tan exclusivo.

4. ...Cualquier.... deportista de élite actual se dedica exclusivamente a su especialidad.

5. En mi opinión, ...cualquier.....persona puede encontrar un deporte que le guste.

3 Repasa el presente y el imperfecto de subjuntivo

a. ▶ Completa con presente o imperfecto de subjuntivo y relaciona.

1. A pesar del paro actual no creo que...	**a.** mi equipo (perder) .... por 4 a 0.
2. No está claro que...	**b.** aquel deportista (tomar) .... sustancias prohibidas.
3. Me pareció interesante que...	**c.** los grandes eventos deportivos (ser) .... muy difíciles de organizar.
4. Tras conseguir la triple corona me emocionaría mucho que...	**d.** la Eurocopa de balonmano se (organizar) .... entre dos países.
5. Es la tercera vez que me roban. Sinceramente me asusta que...	**e.** me (ir, yo) .... a trabajar al extranjero el año que viene.
6. En la empresa a la que llevé el CV buscaban a alguien que...	**f.** (ser) .... fácil bajar el récord del mundo de 100 metros.
7. Fue una lástima que...	**g.** (saber) .... 5 idiomas para trabajar como traductor.
8. Tras la nueva marca no creo que...	**h.** (haber) .... tanta delincuencia en mi país.

b. ▶ Subraya la opción adecuada.

1. No creo que el torneo Seis Naciones *es/sea* el evento deportivo más visto en Inglaterra.
2. Me encanta que el fútbol *sea/fuera* tan popular en todo el mundo.
3. Los españoles lamentaron que no *elijan/eligieran* a Madrid como sede olímpica hace dos años.
4. No creo que la Super Bowl del año pasado *sea/fuera* la mejor de la historia, como mucha gente piensa.
5. Fue una sorpresa que la Copa América la *gane/ganara* Nueva Zelanda.
6. No pienso que España *consiga/consiguiera* muchas medallas en el Campeonato del Mundo del próximo verano.

4 Repasa el vocabulario de los deportes

5

a. ▶ Escucha y responde si las siguientes afirmaciones son verdaderas o falsas.

1. El Real Madrid llega al clásico como primer clasificado con un punto de ventaja sobre el Barça.
2. En el Santiago Bernabéu el Real Madrid y el Barça empataron.
3. Si el Real Madrid pierde, el Barça será primero.
4. Quien gane el partido ganará el título de Liga.
5. El primer equipo en tocar el balón es el Real Madrid.

b. ▶ Completa con tus gustos.

1. Mi deporte favorito es ....
2. No entiendo las reglas para jugar a ....
3. Mi deportista preferido es ...., no porque ...., sino porque ....
4. Nunca me pierdo .... cuando lo ponen por televisión.
5. Me gustaría ver en directo alguna vez ....

Conversa

5 ¿Está justificado lo que ganan los futbolistas? Expresa tu opinión. Antes prepárate para ello.

a. ▶ Observa el *ranking* de 2013 y anota tres ideas.

Los 10 futbolistas mejor pagados del mundo

Publicado: 23 abr 2013 | 2:28 GMT   Última actualización: 23 abr 2013 | 3:08 GMT

Ranking	Futbolistas	Equipo	Sueldo
1	Samuel Eto´o	Anzhi	20 mill. de euros por temporada
2	Cristiano Ronaldo	Real Madrid	17 mill. de euros al año
3	Leo Messi	FC Barcelona	16 mill. de euros por temporada
4	Neymar Jr.	FC Barcelona	15 mill. de euros por temporada
5	Zlatan Ibrahimovic	Paris Saint Germain	14,5 mill. de euros al año
6	Radamel Falcao	Mónaco	14 mill. de euros por temporada
7	Wayne Rooney	Manchester United	13,8 mill. de euros por temporada
8	Sergio Agüero	Manchester City	13,5 mill. de euros por temporada
9	Yayá Touré	Manchester City	13 mill. de euros por temporada
10	Thiago Silva	Paris Saint Germain	12 mill. de euros al año

b. ▶ Lee ahora estas dos opiniones y redacta tu opinión apoyándola en algunos argumentos.

Lo que ganan los futbolistas es excesivo
Cuando hay personas en todo el mundo que no tienen para comer ni para vivir, hay personas que simplemente jugando al fútbol tienen tanto dinero como para tener 4 fincas, 8 casas, 5 coches carísimos, ropas de marca elegantes y carísimas, mayordomos, peluqueros personales, etc. Hay mucha gente que dice que en vez de emplear dinero para investigar en el espacio se debería dar para ayudar a los países pobres, pero yo creo que investigar es necesario. Sin embargo, no es necesario que cualquier futbolista de Primera División tenga tanto dinero. Si se limitase el sueldo que estas personas ganan y se destinase para ayudar a los países más pobres, sería mucho más justo.

Bokeron85

Lo que ganan los futbolistas es justo
Los futbolistas ganan más porque generan valor y al tener valor consiguen fama.
Una estrella del fútbol no genera valor de una manera cualquiera, sino que lo genera de diferentes formas:
1. Es una imagen modelo. Con su imagen se pueden hacer películas, anuncios, etc.
2. Es un modelo de conducta: los niños quieren ser como sus jugadores favoritos.
3. Las personas se entretienen con ellos.
Ese valor que proporcionan es lo que muchas personas no entienden y es lo que les hace parecer injusto esos ingresos tan altos. Por tanto, creo que está totalmente justificado lo que ganan.

Hadafeliz79

¿Y tú?, ¿con qué opinión estás de acuerdo? Coméntalo con tus compañeros.

Aprende de las diferencias culturales

Paso 1 Escucha y cuenta	una anécdota con diferencias culturales.
Paso 2 Comprende e interactúa	contando las preguntas tabú en tu cultura.
Paso 3 Lee y escribe	sobre curiosidades culturales.
Paso 4 Repasa y conversa	dando tu opinión sobre el espanglish.

Las diferencias culturales

1 Comprende opiniones sobre diferencias culturales

6

a. ▶ Escucha las opiniones y experiencias de estas personas e identifica cada una con estos temas.

Las excusas y la cortesía **7**

La comunicación con desconocidos **9**

Las costumbres con los regalos **5**

La cortesía en las comidas familiares **4**

La puntualidad **3**

Los horarios comerciales **1**

La informalidad en el trato **10**

El concepto del tiempo **6**

Los hábitos sociales en fiestas formales **8**

Los horarios personales **2**

b. ▶ Relaciona las opiniones de estas personas. Luego, escucha otra vez, numera las opiniones en el orden que las escuchas y comprueba.

Baris dijo que las tiendas en España estaban cerradas entre las 14:00 y las 17:00. **①**

Yves contó, muy enfadado, que habían quedado a las doce, pero nadie había sido puntual. Que uno había llegado a las 12:10 y los otros dos a las 12:20.

Sam explicó que, en un cumpleaños en España, cuando le dio su regalo, su amigo ya había abierto los otros.

Nathalie nos advirtió de que los españoles nunca decían que no directamente si alguien les invitaba. Normalmente decían que les encantaría, pero no podían o que les gustaría mucho, pero no sabían si iban a poder.

Fang Fang manifestó que esperaba que hubiera cambiado la costumbre de los españoles de **darle a la lengua** todo el tiempo, aunque no te conocieran.

Christina comentó que cuando vivía en España **se hacía un lío** con el horario de las comidas, especialmente el de la cena, porque era muy tarde.

Virginia describió que la madre de su amigo español **no paró de** insistir y que había tenido que repetir el primer plato.

Sandrine señaló que, por su experiencia, si un español decía que se verían después de comer significaba que quedarían a las 16:00 o a las 17:30.

Marcelo me aconsejó que, cuando me invitaran a cenar a casa de alguien en España, llevara algo de beber.

Michael narró que, cuando empezó a trabajar en Madrid, **le chocó** que sus nuevos compañeros de trabajo le hablaran de *tú* desde el primer día.

Y aclaró que en su país también solían llevar dulces o flores.

Y declaró que en su país siempre hablaban de *usted* en el trabajo.

Confesó que en su país se abrían todos al final de la fiesta.

Aseguró que en su país cenaban a las 17:00.

Y precisó que en su país no **se andaban por las ramas**: sí o no.

Y que donde ella vive, después de comer es a las 14:00 o las 14:30.

Añadió que eso era muy raro para él porque en su país las tiendas no cerraban a mediodía. **10**

Luego, confesó que las madres de España eran iguales que las de su país.

Me contó que cuando vivía en España ocurría así todo el tiempo y que en China eso era impensable.

Y que eso en su país no pasaba porque eran muy puntuales.

c. ▶ Escribe qué palabra de las marcadas en negrita corresponde a cada definición.

andaban por las ramas	=	Desviarse del tema principal de un asunto.
le chocó /chocar	=	Sorprenderse.
no paró de	=	Insistir mucho.
lío	=	Confundirse.
darle a lengua	=	Hablar demasiado.

2 Descubre el estilo indirecto para transmitir informaciones

a. ▶ Busca en los textos anteriores las frases equivalentes. Luego, marca los tiempos verbales que cambian.

Gramática

PARA TRANSMITIR...		... USAMOS
Información actual «En Turquía las tiendas no cierran a mediodía».	→	_Dijo que en Turquía las tiendas no ___ a mediodía_
Una descripción o costumbres «En México solemos llevar dulces o flores».	→	_Dijo que solían llevar_
Información pasada «Tuve que repetir el primer plato».	→	_Dijo que había tenido_
Planes de futuro «Si un español dice que nos veremos después de comer, significa que quedaremos a las 17:00 o las 18:00».	→	_Dijo que quedaríamos a las 5_

b. ▶ Vuelve a leer los otros textos e imagina cómo era la frase original. Luego, escucha otra vez y comprueba.

Ella dijo que ya vería que en ξ todo se hacía muy tarde. Si quería comer a la 1 no podría pq los rest...

c. ▶ Imagina que ayer te dieron estas informaciones. ¿Cómo las tramites hoy?

Te invito yo, que hoy es mi cumpleaños.

Ya verás, en España todo se hace muy tarde. Si quieres comer a la una, no podrás porque los restaurantes estarán todos cerrados.

Pues yo, cuando estuve allí, descubrí que la gente no duerme la siesta, al contrario de lo que creía.

3 Cuenta una anécdota sobre choques culturales

▶ **¿Conoces alguna anécdota de algún amigo tuyo que haya tenido un malentendido cultural? Compártela con tu compañero.**

Una amiga alemana me contó que, cuando celebró su cumpleaños, los españoles se extrañaron muchísimo de que, en vez de abrir los regalos cuando se los daban, los guardaba todos en su cuarto hasta el fin de la fiesta, que fue cuando los abrió.

1 Comprende unas opiniones sobre la causa de los malentendidos

a. ▶ Escucha las anécdotas e identifica la causa que provoca malentendidos.

> • La lengua • Los prejuicios • Los gestos • El humor • El concepto del tiempo • Las costumbres

b. ▶ Coloca los fragmentos en su lugar adecuado y ordena los párrafos del artículo.

1 muy pocos asiáticos afirmaron que se divirtieran con los chistes occidentales.

2 los negocios son serios y deberían tratarse sin distracciones irrelevantes. Así lo corroboran las estadísticas, según las cuales un 40 % de los empresarios se llevaban una impresión negativa si el interlocutor salpica su discurso de anécdotas alejadas del tema de la negociación.

3 un estudio realizado en EE. UU. reveló que un 80 % de los propietarios de una empresa verían como positivo que se bromeara, ya que haría que la reunión avanzara y que se hicieran más cosas en menos tiempo.

4 suelen ser igual de importantes que otros aspectos, como la puntualidad o la buena presencia.

5 Lo que puede resultar chistoso para un argentino puede ser totalmente condenable en Colombia. Esa historia que te pidieron que repitieras una y mil veces puede ser absolutamente incomprensible para un canadiense.

6 pero no siempre es interpretado correctamente.

Iceberg
CULTURAL INTELLIGENCE

Inteligencia Cultural para el éxito de sus experiencias globales

1 Sin embargo, los alemanes y los japoneses creen que el humor **está fuera de lugar** durante las negociaciones: { a }. De hecho, { b }. Tampoco **encuentran mucho mérito** en los chistes sobre religión, sexo y minorías poco privilegiadas.

2 Los empresarios interactúan muy frecuentemente con colegas y clientes internacionales. Comentar algún incidente personal gracioso o **situación embarazosa** puede relajar la tensión. Pero a veces un inocente comentario irónico se convierte en un ataque a la cultura del otro. Y es que, más allá de nuestras intenciones, los significados que transmitimos a través del humor { c }.

3 El humor durante las reuniones suele ser bastante frecuente en varios países y hasta una táctica válida para **romper el hielo**. Especialmente en los países anglosajones, el humor es utilizado de manera sistemática. Por ejemplo, { d }.

4 La inclusión de algo de humor podría contribuir a generar confianza en la persona, { e }. El humor cruza los límites de un país con cierta dificultad. { f } Y aunque la contraparte se ría de tu comentario, no te olvides de que en muchas partes del mundo, con frecuencia la risa simboliza vergüenza, nerviosismo o hasta **desprecio**. Así pues, ¡mucho cuidado!

Adaptado de *blogicebergconsulting.com*

c. ▶ **Completa para que las afirmaciones correspondan a lo qué dice el texto.**

(a) Al hacer negocios, en Estados Unidos el sarcasmo se considera ....

(b) Al hacer negocios, tanto los alemanes como los japoneses coinciden en ....

(c) Al hacer negocios, las diferencias culturales y religiosas pueden ....

(d) El concepto de lo que es divertido ....

(e) Al hacer negocios, el sentido del humor puede influir ....

d. ▶ **¿Qué palabras o expresiones subrayadas en el texto corresponden a estas definiciones?**

■ Menosprecio.

■ Reconocer lo positivo o beneficioso de algo.

■ Un momento incómodo o vergonzoso.

■ No ser apropiado, no ser adecuado a una situación.

■ Terminar con una situación incómoda o de tensión.

Gramática

2 ## Fíjate en el uso del subjuntivo en el estilo indirecto

a. ▶ **Lee la explicación y busca en los fragmentos de la actividad 1.b las frases en estilo indirecto que corresponden a las citas literales.**

1. «Repite otra vez esa historia».

2. «No nos divierte que se cuenten chistes».

3. «Para mí es positivo que se bromee, eso haría que la reunión avance y que se hagan más cosas en menos tiempo».

Para transmitir órdenes, prohibiciones, peticiones, consejos, etc. (con imperativo, presente de subjuntivo…), se usa el pretérito imperfecto de subjuntivo en estilo indirecto.

«Ten cuidado con lo que dices y te recomiendo que no hagas muchas bromas».
Me aconsejó que tuviera cuidado con lo que decía y que no hiciera muchas bromas.

b. ▶ **Lee estos consejos y transmítelos. ¿Con cuál estás más de acuerdo?**

1. En las relaciones internacionales ten cuidado con los chistes. No hagas nada que pueda ser malinterpretado.

2. Si hablas con personas de otras culturas, acostúmbrate a no juzgarlos por tus parámetros culturales.

3. Sé tú mismo allá donde vayas y no intentes no equivocarte, porque, hagas lo que hagas, habrá malentendidos.

4. Una buena estrategia cuando estés en negociaciones es que, si ves reacciones extrañas, expliques tu punto de vista.

3 ## Interactúa y habla sobre los tabúes de tu país

a. ▶ **¿En qué situaciones te parece adecuado, y en cuáles no, hacer estas preguntas? ¿Por qué?**

1. ¿Cuál es tu sueldo? ¿Cuánto ganas?

2. ¿Crees en Dios? ¿Practicas alguna religión?

3. ¿Cuántos años tienes? ¿Qué edad tienes?

4. ¿Estás casado? ¿Tienes novia? ¿Tienes pareja? ¿Tienes hijos?

5. ¿Qué te parece mi novia? Es guapa, ¿verdad?

6. ¿A quién votaste?

7. ¿Estás embarazada?

8. ¿Dónde estudiaste?

— Es una pregunta que se puede hacer a cualquier persona.

— Hay que tener mucha confianza con esa persona para hacer esta pregunta. Por ejemplo...

— Pues depende de la situación y de la relación. Por ejemplo...

— Esta es una pregunta que nunca se debe hacer. ¡Nunca!

b. ▶ **Escucha y comprueba cuáles son las preguntas tabú en la cultura española.**

c. ▶ **¿Qué preguntas se consideran tabú en tu cultura? ¿Por qué?**

1 Comprende un artículo sobre curiosidades culturales

a. ▶ **Sustituye las expresiones entre paréntesis por sus sinónimos y ponle título al artículo.**

> • trivial • interrumpir • trae mala suerte • viajar es la mejor universidad • ofrecimiento • anticipa • al pie de la letra • dintel • embarazosas

Vuelos
Vuelos baratos
Noticias vuelos baratos
Noticias vuelos
Viajar en avión
Miedo a volar
Jetlag
Turbulencias
Viajar al extranjero
Viajar al extranjero
Viajar en Europa
Esquiar en Europa
Viajar a Estados Unidos
Viajar a Inglaterra
Viajar a Escocia

Se dice que .... **[viajando es como más se aprende]**, pues nos permite descubrir muchas cosas simplemente con la convivencia con otros.

Fíjate en cómo se actúa y no valores. .... **[parar]** a alguien que nos cuenta algo, haciendo preguntas o dando consejos, en España es muestra de atención, de que se sigue con interés la conversación, mientras que en muchos países asiáticos es todo lo contrario: una muestra de mala educación.

Durante una comida familiar española, italiana, griega o turca, te insistirán en servirte más comida o en que tomes algo de beber. Nunca aceptes al primer .... **[la invitación]**, ya volverán a insistir. En cambio, en la cultura británica, por su parte, si decimos que no queremos tomar nada, lo entenderán .... **[literalmente]** y no insistirán.

En algo tan ....**[común, de poca importancia]** como los colores también se pueden producir malentendidos y situaciones .... **[incómodas]**. El negro es el color de luto en España, mientras que en la cultura china es el blanco. Así que ten cuidado si te invitan a una boda y elige bien el color de tu vestido. En España, no vayas de blanco, pues solo es propio para la novia, nunca las invitadas; y en China no se te ocurra tampoco, porque pensarán que vas a un funeral.

Y si la boda es en Francia, nunca regales un cuchillo porque .... **[anuncia]** problemas. Si se te ocurriera regalar uno, no te extrañe que la otra persona te dé un euro o algo, aunque tenga poco valor, para que conste que se compra el cuchillo, que no se regala.

Al margen de las internacionales supersticiones de que cuando se te cae la sal o se te rompe un espejo tienes siete años de mala suerte, estate atento a otras locales, como en Polonia y algunos países del sudeste asiático, donde los novios no se regalan zapatos, porque eso significa que se van a separar; también en Polonia, nunca des la mano como saludo bajo el .... **[marco]** de una puerta porque significa que acabaréis peleándoos; en España las mujeres no dejan el bolso en el suelo porque «se va el dinero» y en Suecia no se dejan las llaves sobre la mesa porque .... **[es signo de fatalidad]**, como también trae mala suerte pasar la sal de mano a mano en México. Así que te recomendamos que no se te olvide dejar el salero en la mesa para que la otra persona lo coja.

b. ▶ **Responde.**

1. **Comprende.** ¿Por qué se dice que «viajar es la mejor universidad»?
   Opina. ¿Estás de acuerdo con esa idea? Cuenta alguna experiencia personal.

2. **Comprende.** ¿En qué países se afirma que es norma común «forzar» al invitado a que consuma algo?
   Opina. ¿Te sientes cómodo cuando alguien te insiste en que tomes algo?

3. **Comprende.** ¿Es verdad que en China no es aconsejable vestir de blanco en una boda porque es el color reservado para la novia?
   Opina. ¿Hay en tu cultura algunos colores que tienen un significado especial o que se asocian con algún acontecimiento en particular?

4. **Comprende.** ¿Qué objetos o acciones se asocian, según el texto, con la mala suerte en Francia, Polonia, España y Suecia?
   Opina. ¿Eres supersticioso? ¿Qué da buena o mala suerte en tu cultura, según las creencias populares?

c. ▸ Escribe las siete recomendaciones que formularon los autores del artículo y explica el motivo, como en el ejemplo.

Recomendaron que viajáramos porque así era como mejor se aprende a convivir.

2 Aprende a expresar la involuntariedad

▸ Utiliza las expresiones subrayadas en el texto como ejemplos para ilustrar la explicación. Después, completa.

1. Cuando mi hermano estaba llegando a Alemania, (rompérsele) ....….........…….. el coche.

2. Lo siento, (olvidársele) ....…........…….. comprar los ingredientes para hacer el bizcocho.

3. A mi madre (perdérsele) ....…........…….. los palillos que le traje de China.

4. Juanma, ¿qué es ese ruido?, ¿qué (caérsele) ....….......….........…….…?

5. Han intentado hacer la comida que aprendieron cuando estuvieron en Corea, pero (quemársele) ....….......…........ . Habrá que pedir unas *pizzas* si queremos cenar.

6. ¿Sabes? A nosotros (morírsele) ....……... siempre las plantas… todas menos el bonsái que nos trajisteis de Japón.

7. Al jefe de estudios y a mí (ocurrírsele) ....…...…........… organizar una fiesta de comida internacional en la escuela.

Gramática

EXPRESAR INVOLUNTARIEDAD

Hay verbos que indican que la acción se ha realizado sin intención, pero hay una persona que recibe los efectos de la misma (*perdérsele, caérsele, rompérsele algo a alguien*).

Ejemplos:
- ……………………………………
- ……………………………………
- ……………………………………

En estos verbos, el pronombre *se* señala la involuntariedad y el pronombre de complemento indirecto informa de quien recibe los efectos.

3 Escribe sobre curiosidades y costumbres extrañas

▸ Elige la opinión con la que estás de acuerdo y escribe un texto explicando tu postura y justificándola con ejemplos de tu cultura o de culturas que conoces.

«Respeto a quien tiene la idea romántica de que no hay costumbres extrañas, pero no nos engañemos: hay cosas que se escapan a toda razón, a toda lógica… esas costumbres raras están asociadas a pueblos menos desarrollados, a culturas muy aisladas de toda civilización, a fanatismos y a visiones del mundo muy antiguas».

Juan María

«No hay costumbres extrañas, sino perspectivas diversas. Lo que es normal y habitual para mí puede ser algo muy exótico, ilógico u horrible para ti. Hasta que no nos dicen a la cara que alguna de nuestras costumbres es rara no reflexionamos sobre la propia cultura».

Ferrán

Paso 4
Repasa y conversa
Lo que se cuenta

1 Repasa **el estilo indirecto**

a. ▶ **Transforma las siguientes frases de estilo directo a indirecto.**

1. Gosia: «Me sorprende que los chicos no abran la puerta». > Gosia me dijo que...
2. Antonio: «Te prohíbo que pagues la cuenta». > Antonio me prohibió que...
3. Xabi: «Espero que te guste la película». > Xabi me dijo que...
4. Marta: «Mañana quedaremos un poco antes de las 10». > Marta me dijo que...
5. Raúl: «Ayer cené con tu hermana». > Raúl me comentó que...
6. Ana: «¿Vas a ir al banco esta mañana?». > Ana me preguntó que si...

b. ▶ **Escucha y toma nota de los mensajes que dejan estas personas.**

Ayer llamó
el señor García y dijo que...
....

El sábado Ricardo
dejó un mensaje que decía...
....

La señorita Abrines dejó un
mensaje en el que decía...
....

Ana llamó y dijo que...
....

c. ▶ **Transforma.**

1. ¿Vendrás a mi fiesta mañana?
2. ¿Cómo vienes a la escuela?
3. ¿Dónde has puesto mi jersey?
4. ¿Tu vuelo llegó a tiempo a Málaga?
5. ¿Por qué has llegado tan tarde al trabajo?
6. ¿Qué hiciste ayer por la tarde?

2 Repasa la forma de transmitir órdenes y consejos

a. ▶ Transmite la información.

¡Corred más, corred más!

El entrenador *nos pidió que corriéramos más en el partido.*

Ven esta tarde y estudiamos juntos.

Marta me propuso
viniera esta tarde y estudiábamos juntos

Vuelva en 10 minutos, por favor.

El funcionario me dijo
volviera en 10 minutos

Pásate esta noche por casa, hay una fiesta.

Sergio me invitó
pasara esta noche por casa

Regálele un bolso. A ella le encantan los bolsos.

Lidia recomendó a mi madre
regalara un bolso

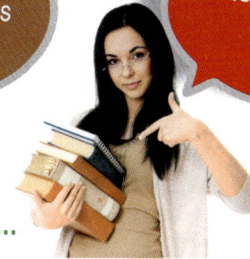

Cierren los libros, va a empezar el examen.

La profesora ordenó
cerráramos los libros, fuéramos a empezar el examen.

Debe dejar de fumar inmediatamente.

La médica aconsejó
debiera dejar de fumar

Cómprenlo aquí, es más barato.

La guía nos sugirió
compráramos lo aquí, el más barato

Hazla con marisco, sale más sabrosa.

Mi suegro me dijo
hiciera la con marisco, salara más sabrosa

b. ▶ **Completa con el verbo adecuado del cuadro sin repetir ninguno y pon el verbo en la forma correcta.**

> • recomendar • pedir • prohibir • ordenar • invitar • ofrecer • proponer • sugerir

1. Javier nos .... que (hacer) .... una excursión a las Alpujarras de Granada, que era precioso.
2. El profesor nos .... que (usar) .... el diccionario durante el examen.
3. El policía me .... que le (dar) .... el carné de conducir y la documentación del coche en cuanto me paró.
4. Mi madre me .... que no (poner) .... tanta sal en la comida.
5. La hermana de mi novio me .... que (quedarse) .... a dormir en su casa el fin de semana.
6. Juana y Diego me .... a que (asistir) .... a su boda en Polonia.
7. Carlos y Ángel me .... que, por favor, les (llevar) .... al aeropuerto el sábado pasado.
8. Nuestro jefe nos .... que (empezar) .... a trabajar media hora antes el día de la inspección. No era obligatorio, pero todos lo hicimos.

Conversa

3 **¿Qué piensas de fenómenos lingüísticos como el espanglish? Da tu opinión, pero antes, prepárate.**

a. ▸ **¿Sabes qué es el *espanglish*? Lee estos fragmentos de noticias, responde a las preguntas y, después, intenta hacer una definición de *espanglish*.**

En los Estados Unidos de Norteamérica, la cultura latinoamericana ha tenido tal presencia durante años que su influencia ha dado lugar a una fusión cultural innegable. Uno de los elementos fundamentales de dicha fusión ha sido la mezcla de los idiomas español e inglés, originando un complejo fenómeno denominado *espanglish*.

Adaptado de ub.edu

¿Piensas que el espanglish será el idioma oficial de EE. UU. en un futuro?

Kevin Johansen es el poeta del espanglish. Es el más latinoamericano en Norteamérica, es el más europeo entre los sudamericanos. Como él mismo dice: «Si naces en Alaska y luego tus padres te llevan a Argentina, pero luego como músico tienes éxito en Perú y terminas viviendo en Nueva York, donde te haces amigo de Hilly Krystal, el dueño del mítico CBGB, hogar de todo el *punk* estadounidense... ¿qué clase de músico sale de esta mezcla?».

Adaptado de eltiempo.com

¿Crees que fenómenos como el de K. Johansen serán cada vez más habituales?

Un artículo reciente de *The New York Times* calificaba el espanglish como la tercera lengua de Nueva York después del inglés y el español.

Adaptado de elcastellano.org

¿Irías a una escuela para aprender espanglish?

Quien habla espanglish lo que quiere es hablar inglés y trata de abandonar el español para expresarse en una nueva lengua que todavía no domina.

Adaptado de cervantes.es

¿Crees que esta afirmación es cierta?

b. ▸ **Habla con tus compañeros.**

1. ¿Conoces otros casos parecidos? ¿En qué otros lugares crees que se puede dar un fenómeno parecido actualmente o en el futuro?

2. Como estudiante de idiomas, ¿crees que son buenos para la comunicación estos fenómenos? ¿O crees que deben tomarse medidas para que desaparezcan?

3. ¿Sabías que hay una versión de *Don Quijote* en espanglish? ¿Qué opinas de los que piensan que fenómenos como el espanglish son aceptables en la lengua oral, pero no en la lengua escrita?

PARA OPINAR

A mi entender...
A mi juicio...
En mi opinión...
Personalmente, considero que...
Particularmente, me parece que...

PARA EXPRESAR DESACUERDO TOTAL O PARCIAL

Coincido contigo en que..., pero no en lo de que...
Tienes razón en... sin embargo, no estoy de acuerdo cuando dices...
En absoluto.

PARA EXPRESAR ACUERDO

¡Efectivamente!
Claro, claro...
Eso es lo que yo digo/decía.
Eso está claro, no hay duda.

c. ▸ **Elige con tus compañeros uno de estos temas y debatid vuestra opinión.**

El itañol, un fenómeno curioso nacido para comunicarse.	¿Los diferentes acentos del inglés (británico, americano, australiano, irlandés...) son un obstáculo para la comprensión?	¿Los suecos y los noruegos se entienden cuando hablan?	¿Los españoles pueden entender las otras lenguas que se hablan en España: gallego, catalán y vasco?
El portuñol, un caso curioso en las fronteras.	¿En toda China se habla el mismo idioma o hay diferentes variedades? ¿Se entienden entre ellos?	¿Es igual el francés de Francia, el de Bélgica, el de Canadá o el de Suiza?	¿Los checos y los eslovacos se entienden?

Cuenta cuál es el alimento más característico de tu país

Paso 1 Comprende e interactúa	describiendo alimentos y platos.
Paso 2 Escucha y cuenta	comidas especiales de tu país.
Paso 3 Lee y escribe	sobre experiencias culinarias.
Paso 4 Repasa y conversa	acerca de la comida que no puede faltar en una festividad.

Paso 1
Comprende e interactúa
Alimentos y platos

1 Comprende las diferentes visiones de la gastronomía

a. ▶ Lee estas opiniones y di con cuál o cuáles te identificas más. ¿Por qué? Coméntalo con tus compañeros y encuentra al que tiene una visión más próxima a la tuya.

Buscar temas sin respuesta | Ver temas activos

Índice general

Fecha actual Jue 25 Jul, 2013 08:28 | Todos los horarios son UTC + 2 horas

¿Qué es para ti comer?

Foro

Lo importante es con quien comes, no lo que comes. Comer es una actividad para la que hay que estar acompañado. Comer es una actividad social. Comer bien, como viajar bien, requiere de buena compañía. Si estoy con buenos amigos o con mi pareja o con la familia, no me importa si estoy comiendo una **hamburguesa** en un restaurante de comida basura o un plato de **langostinos** en la mejor marisquería de Galicia. *Macarena*

Lo que importa es lo que pruebas por primera vez. En mi opinión, la gastronomía ha llegado al nivel de otras artes. Los cocineros preparan platos cuyos ingredientes dialogan, se fusionan y hacen vivir una experiencia sensorial total. Por ejemplo, hay chefs que hacen gazpacho con frutas rojas, como la **cereza**, en sustitución del tomate, combinan dulces con sabores fuertes, como el **queso azul** o inventan nuevos alimentos como los **espaguetis** de mango de Ferrán Adrià. *Ramón*

Toma los alimentos cuyos nutrientes necesitas. Para mí, comer es una necesidad física, como respirar. No es algo con lo que disfrute especialmente. Por ejemplo, como mucha fruta, principalmente fruta tropical como el **mango**. *Carmen*

Dime lo que comes y te diré quién eres. Como yo lo veo, la gastronomía es la expresión de una cultura. Por ejemplo, los platos con **berenjena** como la musaca griega o los dulces hechos con **almendras** y otros frutos secos de Marruecos. Quienes viajan por el mundo para visitar museos y conocer países, pero comen en franquicias de comida rápida, se pierden una parte esencial de cada cultura. *Sergio*

b. ▶ Busca en el foro los nombres de los alimentos y escríbelos debajo de cada foto.

1
....

2
....

3
....

4
....

5
....

6
....

7
....

8
....

2 Conoce los distintos pronombres relativos

a. ▶ Observa y busca ejemplos en el foro.

Quien/Quienes
Se refieren solo a personas. Pueden ir después del antecedente y con preposición, o sin el antecedente.

Cuyo (a) (os) (as)
Indican posesión. Concuerdan en género y número con la persona o cosa poseída.

El, la, los, las que
Hacen referencia a personas o a cosas. Equivalen a *quien/quienes* en el caso de personas. Pueden ir con preposición, según lo necesite el verbo.

Lo que
Hace referencia a ideas abstractas. Equivale a *eso*. Puede ir con preposición, según lo necesite el verbo.

b. ▶ Completa con los relativos adecuados y las preposiciones en caso necesario.

1. En esta foto están los amigos .... fui a cenar.
2. Aquí tenéis la receta, ... necesitaréis tomates.
3. Ese es el chef .... restaurante es uno de los mejores del mundo.
4. Creo que estas son las fechas .... podemos ir todos.
5. La comida mexicana es muy rica, ... la hace muy popular en el mundo.
6. Esta región de España, ... espárragos son los mejores de Europa, es conocida como «la huerta de España».
7. Esta es la revista .... escribe el crítico .... te hablé ayer.
8. .... más me gusta de la gastronomía peruana es la variedad.

3 Aprende a describir

▶ Relaciona cada alimento con su definición. Luego piensa en otra palabra y descríbela.

1. Es una especia que se utiliza como condimento para dar sabor a las *pizzas*, entre otros platos.

2. Es un fruto seco, con cáscara muy dura, que se come crudo o en dulces.

3. Es un tipo de leche con azúcar con la que se preparan postres.

4. Es un molusco de color naranja cuya concha es negra y que se come mucho en Bélgica.

5. Son semillas, como las lentejas, la soja o las judías.

6. Es un marisco grande y muy bueno, que tiene un precio muy alto en los grandes restaurantes.

7. Es una parte del pollo que se prepara habitualmente en barbacoa o frita.

☐ Langosta

☐ Leche condensada

☐ Legumbres

☐ Orégano

☐ Nueces

☐ Mejillones

☐ Alitas

4 Interactúa y participa en un foro sobre comida

▶ Elige uno de estos temas de un foro y deja tu comentario. Utiliza los relativos y el léxico aprendido en este paso para describir.

El plato más raro que he probado

La costumbre gastronómica más curiosa que conozco

El alimento más exótico que he comido

1 Escucha y conoce propuestas gastronómicas originales

▶ Escucha estas noticias de la radio y relaciona cada una con su titular. Después, di si las afirmaciones son verdaderas o falsas.

¿Me puede traer la carta de potitos?

Los crudívoros ya tienen restaurante en Madrid.

Castigo educativo y solidario en el restaurante.

☐ ☐ ☐

V F

1. El objetivo de cobrar por lo que no te comas es concienciar a la gente sobre el problema del hambre. ☐ ☐

2. Los restaurantes crudívoros nacen como una opción a los restaurantes de cocina innovadora. ☐ ☐

3. En realidad, la cocina crudívora es una forma de volver a la comida más original, más natural. ☐ ☐

4. Las ideas de la asociación de padres para conciliar la vida familiar con comer en restaurantes son bastante excéntricas e imposibles de realizar. ☐ ☐

5. Una de las ideas de la asociación de padres es que la carta ofrezca tres menús: para adultos, para niños y para bebés. ☐ ☐

2 Recuerda cuándo se usa indicativo o subjuntivo en las oraciones relativas

a. ▶ Completa las frases con el verbo en la forma adecuada.

1. Me encantaría comer un jamón que (ser) .... tan bueno como el Joselito, pero es demasiado caro.
2. Querían probar unos dulces que (estar) .... hechos de forma artesana y por eso fueron a una pastelería muy antigua que (estar) .... en el centro y creo que la experiencia fue increíble.
3. Compraron un queso riquísimo con el que (preparar) .... un plato de aquella región que (aprender) .... a cocinar en un curso de cocina al que (asistir) .... en la escuela.
4. Quieren la receta del plato que (cocinar) .... tu madre el día de Navidad.
5. Buscaban el bar de tapas en el que (conocerse) .... quince años antes.
6. Estaban deseando ir a algún restaurante cuyo chef (ser) .... conocido y finalmente decidieron ir a Manzanilla, del cocinero Dani García, que (conseguir) .... una estrella Michelin hace unos años.
7. No tenían mucho dinero y me dijeron que comerían en el primer sitio que (encontrar) ....
8. ¿Os gustaría cenar en algún sitio donde (servir) .... comida casera o preferís (ir) .... a un restaurante que yo (conocer) .... donde hacen fusión de comida mediterránea y japonesa?

Gramática

RECUERDA

Usamos **indicativo** cuando conocemos la existencia del antecedente (la persona, la cosa o el lugar que estamos definiendo o del que estamos explicando sus características). Y usamos **subjuntivo** cuando no conocemos la existencia de dicho antecedente.

b. ▶ **Elige la opción adecuada, infórmate y relaciona.**

UN DULCE PARA CADA OCASIÓN

Cualquier fiesta que *quiere/quiera* ser importante debe ir asociada con una comida o una bebida. En España, cada festividad tiene su plato típico, alimentos que solo se *comen/coman* un día o unos pocos días al año. Un ejemplo de ello son los postres o dulces típicos de cada festividad.

En Navidad se comen muchos dulces, entre los que destacan los turrones, cuyo ingrediente principal *es/sea* la almendra. En los últimos días de esa fiesta, quien *desea/desee* celebrar como un español el Día de Reyes deberá comer el delicioso roscón, que esconde un regalo en su interior.

En Semana Santa se preparan, con el pan del día anterior, leche, canela y azúcar, las torrijas y, también ricas en azúcar, pero azúcares naturales, son las frutas que se *disfrutan/disfruten* durante los meses de junio, julio y agosto, en las macedonias o ensaladas de frutas.

Según el país donde nos *encontramos/encontremos*, podremos vivir unas fiestas u otras y, por tanto, unas comidas u otras. En España no está muy arraigado Halloween. Su lugar lo ocupa el Día de los Santos, el 1 de noviembre, día en que se comen los buñuelos de viento, masa frita rellena de crema, chocolate, puré de castañas u otros rellenos.

Y en todas las grandes fiestas familiares se termina con postres caseros que, aunque proceden de distintas regiones, ya *están/estén* plenamente incorporados a las tradiciones familiares de todo el país, como la crema catalana, la ensaimada de Mallorca, la tarta de Santiago, el arroz con leche asturiano o la miel sobre hojuelas manchega.

Las torrijas...	... es una masa frita rellena de cremas...	... y se comen en verano.
Las macedonias de frutas...	... tiene un regalo dentro...	... y se come el Día de Reyes.
Los turrones...	... se preparan con pan...	... y se comen el Día de los Santos.
El roscón...	... se hacen, principalmente, con almendras...	... y se comen en Navidad.
Los buñuelos de viento...	... son ricas en azúcares...	... y se comen en Semana Santa.

3

Cuenta cuáles son las festividades y cómo es la gastronomía de tu país

▶ **¿Qué fiestas del texto anterior se celebran en tu país? ¿Se come lo mismo en tu país esos días? ¿Qué otras fiestas importantes de tu país están asociadas a una comida tradicional? ¿Cuál es el menú o el plato que se come en cada una?**

En Suecia, en la fiesta de Midsommar comemos arenques, que se preparan...

Pues nosotros, en Estados Unidos, el Día de Acción de Gracias solemos comer pavo, para el que se necesita...

Paso 3
Lee y escribe
Sobre experiencias culinarias

1 Comprende un artículo, conoce la nueva cocina española y opina

a. ▸ Lee este artículo que una chica malaya envió a una revista gastronómica contando su experiencia y responde.

Soy malaya y, como todos mis compatriotas, iré donde sea para comer bien. Cualquier malayo tímido que conozcas cambiará totalmente cuando hable de comida. Ese es, precisamente, el origen de mi aventura gastronómica por España.

Leo y veo vídeos sobre cocina bastante a menudo, por eso, desde siempre había tenido ganas de ir a San Sebastián, ya que tenía entendido que era la ciudad donde se encontraba la comida más rica y algunos de los restaurantes de alta cocina más reconocidos del mundo y yo, en cierto momento de mi viaje, tuve la suerte de visitar cuatro de ellos: Akelarre, Arzak, Asador Etxebarri y Mugaritz.

Creo que los clientes van a estos restaurantes para tener una experiencia global. En mi opinión, estos restaurantes tienen algunas características en común:

1. Sus platos no son solo buenos, además son sorprendentes y combinan sabores y formas increíbles. En Akelarre, por ejemplo, nuestro aperitivo fue una selección de quesos crema, pan con aceite de oliva y zumo espumoso de frambuesa, pero lo presentaron como artículos de aseo. En el Asador Etxebarri fue una bola de mantequilla ahumada. En Mugaritz, comimos patatas hervidas que parecían una piedra.

2. El servicio es insuperable y muy acogedor. En Arzak y Akelarre, sus sumilleres nos enseñaron sus bodegas y, después de nuestra cena, Juan Mari y Elena Arzak salieron para saludarnos y agradecernos la visita. En Mugaritz nos sorprendió la gran idea de ofrecer cepillos y pasta de dientes para que los clientes se lavaran los dientes antes de los postres y al terminar la comida...

3. El ambiente es algo especial y la localización es hermosa. El Asador Etxebarri está escondido entre los valles del País Vasco y en Mugaritz almorzamos mientras disfrutábamos del sol en un patio grande y floreado.

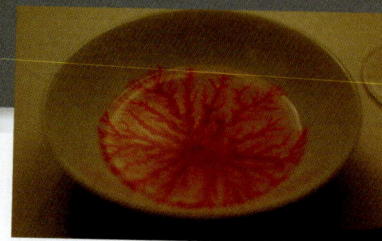

No obstante, la alta cocina es solamente una de las formas que la comida española tiene para presentar su riqueza a todo el mundo. Me parece igualmente espectacular la cocina casera española, con sus platos tradicionales que pasan de una generación a otra, y que usan ingredientes locales, frescos y de calidad.

Los españoles prestan mucha atención y están muy orgullosos de su comida. Por lo tanto siempre tengo la seguridad de comer muy bien cuando voy a España y siempre tengo ganas de volver a cualquier parte de este país, para probar, disfrutar, descubrir y dejarme sorprender en los restaurantes modernos o en las tabernas viejas.

La comida para mí significa compartir momentos especiales y crear recuerdos inolvidables con viejos y buenos amigos. Lo que se come será aún mejor si se come con gente querida. La rica cocina española se disfruta normalmente compartida, y por eso, supongo, tiene un lugar tan especial en mi corazón.

Pai Pin Tay
(Kuala Lumpur, Malasia)

1. ¿Por qué empezó, según explica la autora del artículo, «la aventura gastronómica por España»?
2. ¿Por qué conocía Pai Pin que en San Sebastián había buenos restaurantes?
3. ¿Qué tres características tienen, según la opinión de la autora, los restaurantes de alta cocina?
4. ¿Prefiere Pai Pin los restaurantes de alta cocina a los de comida tradicional?
5. ¿Por qué motivos le gusta la cocina española y comer en España a la autora del texto?

b. ▶ **¿Con cuál de las reacciones al texto estás más de acuerdo?**

La nueva cocina es un lujo absurdo de ricos

La nueva cocina es una moda, como cualquier otra

La nueva cocina es un arte maravilloso

La nueva cocina es una experiencia inigualable

---

2 **Descubre el significado de algunos adjetivos según su posición**

a. ▶ **Localízalos en el texto y marca qué significado tiene cada adjetivo según su posición.**

Gramática

¡ATENCIÓN! *Bueno* y *grande*, cuando van antes del sustantivo, se transforman en *buen* y *gran*.

Adjetivos	Significados	Colocación	
		Antes del nombre	Después del nombre
Alto/a	Excelente, de gran categoría		
	De gran altitud o estatura		*El restaurante era precioso, de techos altos y decoración minimalista.*
Bueno/a	Auténtico, valioso, profesional		
	Que tiene bondad, calidad		
Cierto/a	Verdadero, seguro		*Pude comprobar que todo lo que había leído era información cierta.*
	Determinado		
Grande	Que tiene un tamaño superior al normal		
	De buena calidad e importancia		
Rico/a	Muy variado		
	Que tiene muchas cualidades positivas o que es muy sabroso		
Viejo/a	Antiguo		
	Desde hace mucho tiempo y bueno		

b. ▶ **Subraya la posición del adjetivo que corresponde a cada frase. Luego, cambia las frases para que correspondan a la otra posición.**

1. Es un cocinero muy conocido y muy importante en todo el mundo. = Es un [gran] cocinero [grande].
2. Fui a cenar con unos compañeros muy mayores y lo pasamos muy bien. = Fui a cenar con unos [viejos] compañeros [viejos] y lo pasamos muy bien.
3. Es un camarero muy profesional. = Es un [buen] camarero [bueno].
4. En un momento concreto de la cena salió el chef a saludarnos. = En [cierto] momento [cierto] salió el chef a saludarnos.
5. En el restaurante el techo de la cocina está a casi 4 metros. = En el restaurante tienen una [alta] cocina [alta].

---

3 **Escribe una experiencia gastronómica**

▶ **Siguiendo el modelo de Pai Pin Tay, elige uno de estos tres temas y escribe un texto con tu experiencia.**

El restaurante más original donde he comido

Celebrar mi cumpleaños con una cena: ¿en casa o en un restaurante?

Mi peor experiencia en un restaurante

Paso 4
Repasa y conversa
La comida que no puede faltar

1 Repasa las oraciones relativas

a. ▶ **Relaciona.**

1. ¿Tienes una sartén...	quien
2. Con esos chicos es...	cuyo
3. Este es el documental sobre *sushi*... Ø quienes	
4. Buscaban los ingredientes... con cuya	
5. Mi madre fue...	la que
6. Esta es la fruta...	los que

a. pudieran hacer ese plato de su país.
b. carne se usa para la salsa.
c. estuve en San Sebastián de pinchos.
d. me enseñó a cocinar.
e. pueda hacer la tortilla?
f. director habló en el Festival de Cine y Gastronomía Japoneses.

b. ▶ **Completa con indicativo o subjuntivo.**

1. Este restaurante, que (conseguir) .... una estrella Michelin en 2007, es excelente.

2. Querían alquilar un coche con el que (poder) .... viajar juntos y hacer el viaje gastronómico que habían planificado.

3. Este es el bar cuyos camareros (estar) .... en mi boda sirviendo. ¿Te acuerdas?

4. Me encantaría encontrar, por fin, a quien (encargarse) .... de la cocina del nuevo restaurante del centro.

5. Este artículo habla precisamente de los productos de los que (hablar) .... nosotros cuando estuvimos en aquella cooperativa de agricultores.

6. Este es el libro de recetas cuyos autores (dar) .... la conferencia sobre alimentos transgénicos en Madrid.

7. ¿Conoces algún buen restaurante que no (ser) .... muy caro en el que (poder) .... organizar la fiesta sorpresa para los abuelos?

8. Les dije que quienes (querer) .... venir a cenar tenían que apuntarse en la lista.

2 Repasa y amplía el vocabulario de la comida y las expresiones

a. ▶ **Completa con los alimentos.**

Espaguetis	Langostinos	Nueces	Almejas	Miel	Mango
Mejillones	Almendras	Hamburguesa	Berenjena	Queso azul	Cerezas

1. Cuando estuvimos en Málaga probamos una sopa de mariscos que tenía ...., ... y ....

2. Me gusta mucho la fruta. Pero mis dos frutas favoritas son el .... y las ....

3. El roquefort es un .... que es bastante fuerte. A mí me encanta y lo uso para la *pizza* y la pasta. Por ejemplo, preparo unos .... con roquefort buenísimos.

4. Me duele el estómago porque ayer durante el partido de fútbol comimos muchos frutos secos: ...., pistachos, ..., etc.

5. En esa cafetería los niños siempre piden una .... doble con queso.

6. La .... se come mucho en los países mediterráneos. En Italia, en Grecia y en Turquía hay platos buenísimos.

7. El médico me dijo que era bueno tomar té con .... para mis problemas de garganta.

b. ▶ **Escucha y di a qué restaurante quiere ir cada uno y señala por qué.**

11

| Amaya | Juan Antonio | Enrique | Inma | Penélope |

Asador
argentino

Don Diego

Carnes asadas
Empanadas

Especialidad
en dulces

RESTAURANTE VEGETARIANO

RÚCULA

TAPAS · MENÚS · BATIDOS

Mañanitas

Restaurante mexicano

Burritos, fajitas, quesadillas...
¡y el mejor guacamole!

Tapas
Casa Pepe

• Habas con jamón • Mejillones tigre
• Gazpacho • Ensaladilla rusa
• Champiñones

Bufé libre PASTA Y PIZZA

Come toda la pasta y toda la *pizza* que
quieras por **12 €**
Bebida no incluida

a) Porque le
encantan
los alfajores
argentinos.
b) Porque quiere
comer carne.

a) Porque las tapas
son originales.
b) Porque es
vegetariano.

a) Porque le gusta la
comida picante.
b) Porque nunca
ha ido a un
restaurante
mexicano.

a) Porque hace
mucho tiempo que
no come tapas.
b) Porque le apetece
un plato español.

a) Porque le encanta
la pasta.
b) Porque no tiene
mucho dinero.

3 Recuerda y amplía los adjetivos

a. ▶ **Lee y completa.**

1. En el concurso de tapas, el .... puesto fue para una tapa de arroz con pimientos, que ganó 600 euros, el segundo puesto fue para una de pollo con mango, y consiguó 800 euros, y el .... puesto, y ganador de 1 200 euros, fue para un gazpacho de cerezas.
2. Es un restaurante muy bonito que tiene un patio muy ...., con casi 1 000 metros cuadrados.
3. El profesor del curso de cocina es un .... chef que tiene mucha experiencia.
4. No me gusta este plato, está muy .... o no está bien preparado.
5. Hoy ha sido un .... día: hemos perdido el autobús, hemos llegado tarde al trabajo y se nos ha quemado la comida.

> Estos adjetivos cambian la forma si van antes o después del sustantivo:
> • **Antes: gran, buen, mal, primer, tercer...**
> • **Después: grande, bueno, malo, primero, tercero...**

b. ▶ **Elige el lugar adecuado del adjetivo en cada frase para que no cambie el significado.**

1. No es el chef jefe, es un cocinero del equipo. = No es el chef jefe, es un [simple] cocinero [simple].
2. Es un restaurante con platos innovadores y sofisticados. = Es un restaurante de [alta] cocina [alta].
3. No estaba mal, pero era un edificio muy antiguo. = No estaba mal, pero era un [viejo] edificio [viejo].
4. Nos dio la información correcta. = Nos dio la [cierta] información [cierta].
5. Es un restaurante enorme, pero la comida es muy común. = Es un [gran] restaurante [grande].

4 **¿Cuál es el alimento más importante y característico de tu país? ¿Cuándo y cómo se come? Cuéntalo, pero antes, prepárate.**

a. ▶ El jamón ibérico es un alimento exquisito que no puede faltar en las ocasiones especiales en España. Lee y comenta.

No puede faltar el jamón

El jamón ibérico no puede faltar en España en una ocasión especial.

Un plato de un buen jamón ibérico en la mesa es algo más que una comida más: es un signo de distinción, de calidad, de estar viviendo un acontecimiento importante. No nos podemos imaginar un cumpleaños, un aniversario, una boda, la cena de Nochebuena o, incluso, un partido importante de la selección española de fútbol sin un plato de jamón ibérico. Un buen restaurante sin jamón ibérico o platos cocinados con él en su carta será difícil de encontrar.

Pero no cualquier jamón es jamón ibérico. Joselito es probablemente el mejor jamón del mundo. Es un cerdo ibérico puro, es decir, de padre y madre de raza ibérica, raza de cerdo negro exclusiva de la península ibérica que proviene del jabalí, y además cumple estas cuatro características:

• Realiza ejercicio constante mientras busca alimento y agua.
• Su edad al abandonar las dehesas -los campos de Salamanca donde vive- ronda los 2 años.
• El cerdo, con esta edad, pesa entre 170 y 190 kg.
• Tiene una gran capacidad para infiltrar grasa dentro de los músculos.

Pero el jamón Joselito Gran Reserva tiene una producción anual limitada, que está condicionada por las condiciones climáticas y la cantidad de bellotas en las dehesas. El jamón Joselito Gran Reserva, como joya de alta gastronomía, ha sido ensalzado por los mejores críticos a nivel mundial. Asimismo, ha sido reconocido en Europa, Asia, y América donde se exporta a los mejores restaurantes y tiendas especializadas. En este sentido, chefs de gran reputación en el ámbito culinario internacional ya utilizan este producto único en sus recetas, lo que lo convierte en protagonista de la gastronomía española.

¿Y cómo se puede saber que un jamón es un buen jamón ibérico? Además de lo anteriormente comentado sobre la raza pura, por el color: la grasa debe ser rosácea, de consistencia blanda y untuosa. La carne, entre rojo púrpura y rosa pálido. Por el tacto, la grasa se debe fundir al rozarse con los dedos. Por el olor, aromas intensos y suaves a la vez. Por el sabor suave, delicado, ligeramente dulce. La grasa se funde en el paladar, con una jugosidad notable.

Adaptado de *joselito.com*

b. ▶ ¿Hay algún alimento o alguna comida en tu país que sea tan importante, por su calidad y su importancia social, como el jamón ibérico en España? ¿Cuándo y cómo se come?

○ Arroz   ○ Salmón   ○ Caviar   ○ Ostras   ○ Patata   ○ Queso   ○ Maíz

c. ▶ Habla con tus compañeros: ¿qué importancia social tiene la comida en tu país o en tu cultura?

En las celebraciones familiares   A la hora de hacer negocios   Como parte de fiestas y tradiciones

Debate sobre la relación entre la educación y la vida laboral

Paso 1 Escucha y cuenta	ideas para un nuevo negocio.
Paso 2 Comprende e interactúa	sobre los trabajos ideales.
Paso 3 Lee y escribe	cuál es tu trabajo idóneo.
Paso 4 Repasa y conversa	de la relación entre la educación y el empleo.

Paso 1
Escucha y cuenta
Ideas para una nueva empresa

1 Comprende unas opiniones sobre el difícil acceso al mundo del trabajo

12

a. ▸ Escucha a estos jóvenes y toma nota de la opinión de cada uno.

② Lo más difícil es...

Lo recomendable sería...

④ Lo frustrante es...

③ Lo único bueno es...

① Lo preocupante es...

b. ▸ Escucha de nuevo si lo necesitas y define.

Oposiciones →	
Bolsa de trabajo →	
Precariedad laboral →	
Inestabilidad laboral →	
Acceso al mundo del trabajo →	
Contrato basura →	
Tasa de desempleo juvenil →	
Trabajo estable →	

2 Fíjate en los usos de *lo*

▸ Observa la explicación y completa estas experiencias con alguna de las expresiones del cuadro. Después, comenta con tus compañeros cuáles son las ventajas e inconvenientes del autoempleo.

Gramática

LO + ADJETIVO
Para valorar o describir situaciones usamos el pronombre neutro *lo* con un adjetivo.

• Lo bueno • Lo mejor • Lo malo • Lo peor • Lo aconsejable • Lo recomendable • Lo preocupante
• Lo arriesgado • Lo positivo • Lo negativo • Lo peligroso • Lo raro • Lo extraño

Hace unos días leí que en EE. UU. el 65 % de los jóvenes se autoemplea, que en Europa es un 40 % y que aquí, en España, es un 3 %. Es normal, yo, la verdad, no me habría autoempleado: primero, requiere mucha disciplina; después, ... es que arriesgas en lo económico y en lo personal y que tienes que resolver tú mismo los problemas que surjan..., pero no me ha quedado otra opción. Y sigo pensando que aquí es muy duro ser autónomo.

.... es salir de la situación de desempleo y comenzar a tener ingresos. De tener esta información antes, lo habría agradecido. Por mi experiencia .... es que tengas una idea clara y concreta y que estés seguro.

Ahora soy mi propio jefe y estoy encantado. De hecho, me habría hecho autónomo mucho antes y me habría ahorrado problemas con algunos jefes que he tenido. Cuando las ofertas de trabajo disminuyen, ser trabajador autónomo es una buena solución. .... es que eres tu propio jefe, tienes libertad.

Para mí, ... es la satisfacción personal y conseguir algún tipo de reconocimiento personal y profesional que nunca habría tenido de ser empleado. .... es que no hay muchas ayudas del Gobierno y que tienes que hacer tareas que en otros trabajos no son tu responsabilidad.

Ventajas del autoempleo	Desventajas del autoempleo

Gramática

CONDICIONAL COMPUESTO		
(yo)	habría	
(tú, vos)	habrías	
(él, ella, usted)	habría	+ participio
(nosotros/as)	habríamos	
(vosotros/as)	habríais	
(ellos, ellas, ustedes)	habrían	

3 ## Descubre el condicional compuesto

a. ▸ **Fíjate en la tabla, conoce el nuevo tiempo y señala en los textos de la actividad anterior ejemplos para entender su uso.**

b. ▸ **Subraya la forma adecuada.**

1. Dejé los estudios, pero ahora me *gustaría/habría gustado* retomarlos. Quizá me lo plantee.
2. Me *encantaría/habría encantado* trabajar en una empresa como Google cuando empezó.
3. Yo *volvería/habría vuelto* a mi país, pero no habría posibilidad de encontrar ningún trabajo.
4. El puesto de trabajo me gustaba... De hecho, me *apuntaría/habría apuntado* a esa oferta de empleo, pero con mi CV seguro que no me iban a elegir, así que no lo hice...
5. El Gobierno *debería/habría debido* dar más ayudas a los jóvenes empresarios para abrir sus negocios.

4 ## Presenta tus ideas para un nuevo negocio

▸ **¿Prefieres trabajar en una empresa o ser emprendedor y tener tu propio negocio? ¿Por qué? ¿Tienes alguna idea que crees que podría funcionar para montar tu propia empresa?**

Los trabajos ideales

1 Comprende un texto sobre las profesiones de hoy

a. ▸ Lee y coloca cada profesión en el lugar adecuado del texto. Después, responde.

Director de sostenibilidad	Coordinadores de trabajo a distancia	Consultor educativo	Coordinador de servicios de cuidados a personas mayores	*Community manager*

Portada EcoDiario ecoteuve EcoMotor EcoAula Ecoley Evasión Ecotrader elMonitor Ecopymes In English América ▾ ¿Usuario de elEconomista? Conéctate

Elija su edición España | América ▾

Kiosco eE: Diario y revistas
Acceda al diario elEconomista, sus suplementos y revistas digitales

elEconomista.es
Viernes, 21 de Junio de 2013 Actualizado a las 11:43

Buscar noticias, acciones... Buscar
Ofrecido por IBERDROLA

Portada | Mercados y Cotizaciones ▾ | Empresas ▾ | Economía | Tecnología ▾ | Vivienda | Opinión/Blogs ▾ | Autonomías ▾ | Servicios ▾ | Diario y Revistas ▾

Ibex35 | Continuo | Índices | Divisas | M.Primas | Agenda | Fondos | Tu dinero | Emprender | Destacados: EcoDiario | Global | España | Deportes | Golf | Ágoras | Campus

IBEX 35 ▲ 0,61% | I. GENERAL DE MADRID ▬ 0,00% | ECO10 ▲ 0,39% | DOW JONES ▼ -2,34% | EURUSD ▲ +0,19% | BRENT ▲ +0,62% | EURIBOR ▲ +1,98%   Editar

IBEX	EUR/USD	EURO STOXX 50®	DAX 30	CAC 40	FTSE 100	FTSE MIB INDEX	PSI 20
7.869,80 ▲ 0,61%	1,3226 ▼ -0,02%	2.605,13 ▲ 0,72%	7.963,71 ▲ 0,44%	3.733,70 ▲ 0,94%	6.213,47 ▲ 0,88%	15.657,46 ▲ 0,70%	5.693,75 ▲ 0,83%

LAS PROFESIONES MÁS DEMANDADAS DE HOY NO EXISTÍAN HACE 10 AÑOS

Las cosas han cambiado muchísimo en tan solo diez años. Y es que han aparecido nuevas profesiones que jamás pensamos que podrían llegar a existir, pero que hoy en día son totalmente imprescindibles. ¿Quieres conocer esos trabajos que en la actualidad son algunas de las profesiones más demandadas?

1. ....: Si te gustan las redes sociales, esta es tu profesión. El encargado de gestionarlas se ha vuelto una figura fundamental prácticamente en cualquier empresa, especialmente en las multinacionales.

2. ....: Si buscara tener el trabajo asegurado, estudiaría esta profesión sin dudarlo ya que, si algo está claro es que, pase el tiempo que pase, la población continúa envejeciendo.

3. ....: Si hay algo que ha permitido Internet, es la posibilidad de trabajar a distancia. Por ello, la figura del coordinador de trabajos a distancia es totalmente necesaria en la sociedad actual, algo impensable hace diez años cuando Internet estaba empezando a ser usado por las personas de a pie.

4. ....: Si deseas mejorar el futuro del planeta, debes estudiar esta nueva carrera. El reciclaje y la necesidad de cuidar el medio ambiente en general no eran tan necesarios hace diez años, momento en el que no se valoraba tanto como ahora la importancia de cuidar el planeta Tierra. Cada vez más empresas tienen este puesto en sus plantillas.

5. ....: Si quisiera sentirme útil a la sociedad, haría esta especialidad. Su principal cometido es encargarse de reunir a niños y a sus familias para ayudar a los pequeños (y no tan pequeños) a encontrar cuál es la mejor forma de estudio.

Adaptado del economista.es

b. ▸ Lee otra vez y señala si las siguientes afirmaciones son verdaderas o falsas.

V F

1. Hace una década los trabajos con más éxito no existían.
2. *Community manager* es una profesión muy solicitada por empresas a nivel nacional.
3. Coordinador de servicios de cuidados a personas mayores es una profesión sin paro.
4. La profesión de coordinador de trabajo a distancia fue la primera profesión que surgió tras la llegada de Internet.
5. El cargo de director de sostenibilidad era impensable hace una década, ya que no hacía falta.
6. Ser coordinador educativo tiene que ver no solo con la educación de los más pequeños, sino también con sus familiares.

2 | Reflexiona y conoce las oraciones condicionales

a. ▸ **Busca ejemplos en el texto anterior y completa el siguiente cuadro.**

Gramática

Significado	Estructura	Ejemplos
Condición posible	*Si* + presente / presente, futuro, imperativo	*Si no tienes claro qué hacer con tu vida y te gustan las redes sociales, estudia community manager.*
Condición poco probable	*Si* + imperfecto de subjuntivo / condicional simple	

b. ▸ **Completa las siguientes frases según su grado de probabilidad.**

1. Si invirtiéramos más recursos en energías renovables, no (tener) .... problemas de contaminación.
2. Si te especializas en las nuevas tecnologías, (tener) .... menos problemas para entrar en el mercado laboral.
3. Aprended idiomas si (desear) .... trabajar en el extranjero o para una multinacional.
4. ¿Si tuvierais veinte años menos (elegir) .... otro trabajo?
5. Si hubiera un sistema educativo mejor, (haber) .... menos fracaso escolar.
6. Ahora tendríamos jóvenes mejor preparados si el Gobierno (destinar) .... un mayor presupuesto en educación.
7. Paco, ¿estudiarías lo mismo si (volver) .... a la universidad?

3 | Interactúa e imagina los trabajos de tus sueños

a. ▸ **Relaciona los términos con las fotografías.**

1. mercado laboral   **2.** nuevas tecnologías   **3.** carrera de Ciencias   **4.** paro   **5.** jubilación

$$t' = t\sqrt{1 - \frac{v^2}{c^2}}$$

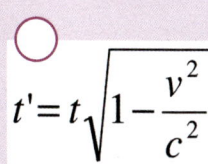

b. ▸ **Agrupa las siguientes frases según su grado de probabilidad.**

Estudiaría Física si fuera mejor en Ciencias.

Tengo que dedicar más tiempo a las nuevas tecnologías si quiero mejorar en mi profesión.

Tienes que ver qué es lo que más demanda el mercado si quieres tener éxito en tu vida laboral.

Si me especializara en *community manager*, tendría más posibilidades de encontrar trabajo.

Condición posible	Condición poco probable
	Estudiaría Física si fuera mejor en Ciencias.

c. ▸ **Elige uno de los dos temas y coméntalo con tus compañeros.**

¿Qué trabajo te gustaría tener en el futuro?

Si te tocara la lotería, ¿seguirías trabajando? ¿Te dedicarías a viajar? ¿Estudiarías algo?

Paso 3
Lee y escribe
El trabajo idóneo

1 Lee y comprende el sistema laboral español

a. ▸ **Relaciona los siguientes conceptos del ámbito laboral con su definición.**

collective agreement

1 **Convenio colectivo**

holiday/holiday pay.

2 **Prestación por desempleo**

3 **Edad de jubilación** — *Retirement*

4 **Salario mínimo interprofesional**

5 **Subsidio de desempleo**

6 **Despedir** *Fire*

7 **Sindicato** *Union*

6 • Acción a través de la cual un empleador da por finalizado unilateralmente un contrato laboral con su empleado.

4 • Es el sueldo mínimo legal que un trabajador puede cobrar independientemente de la dedicación profesional de la persona.

5 • Ayuda económica que se libra a aquellos parados que no tienen derecho a la prestación por desempleo.

1 • Acuerdo entre representantes de las empresas como los representantes de los trabajadores como resultado de una negociación colectiva en materia laboral.

7 • Organización integrada por trabajadores en defensa y promoción de sus intereses sociales, económicos y profesionales relacionados con su actividad laboral.

3 • La media global es de 65 años.

2 • Es una prestación, a la cual se tiene derecho en determinadas situaciones de pérdida del trabajo. Su duración y cuantía están determinadas por el tiempo que el trabajador haya cotizado por desempleo en el régimen de la Seguridad Social.

b. ▸ **Completa con los términos de la actividad anterior.**

1. Acaban de decir por la radio que la ....……....... disminuirá al tercer mes de paro. Sin embargo, el ....……....... se mantendrá igual para aquellos que lo hayan agotado.
2. Si te ....……....... de forma irregular, siempre puedes ir al ....……......., ellos se encargarán de defenderte.
3. La ....……....... ha aumentado en dos años, de los 65 a los 67, debido, dicen, a la crisis económica.
4. Si quieres saber cuáles son tus derechos laborales, debes acudir al ....……......., allí se especifican los detalles de tu contrato de trabajo.
5. En España, el ....……....... es de 641 € al mes.

2 Comprende un texto y descubre otras formas de condición

a. ▸ **Lee el siguiente texto, ponle un título y comenta qué es lo que más te sorprende.**

Junto al día de pago, el aumento anual de sueldo o la bonificación que dos veces al año reciben los trabajadores, el período de vacaciones es uno de los momentos más esperados en las oficinas. Este derecho laboral tiene como principal objetivo prevenir el estrés y otros síntomas que puedan causar consecuencias sobre la salud de las personas.

En este aspecto existen unos trabajadores más afortunados que otros, generalmente los trabajadores europeos son los que más días tienen de descanso al año:

- Alemania, Francia, Finlandia y Suecia: 30 días hábiles.
- Brasil, Panamá y Perú: 30 días de corrido.

- Reino Unido y Lituania: 28 días hábiles.
- Holanda y Cuba: 24 días hábiles.
- España: 22 días hábiles.

Por su parte, los países latinoamericanos en conjunto tienen casi los mismos 15 días hábiles de vacaciones, exceptuando a los antes mencionados y a Uruguay cuyos días de descanso son 20.

Los menos beneficiados

Entre los países con menos días de vacaciones se encuentran los asiáticos, en los cuales los días de vacaciones llegan a 10 e incluso en países como China, las vacaciones no son obligatorias:

- Estados Unidos y Japón: habitualmente tienen 10 días hábiles.
- México: 6 días hábiles y se aumenta 2 días por cada año trabajado hasta llegar a 12 días.

Generalmente en los países que se encuentran en el hemisferio norte las vacaciones se dan entre julio y agosto; mientras que en el hemisferio sur, en enero y febrero, para que coincida con el verano.

Adaptado de elempleo.com

b. ▸ **Lee la explicación y elige la opción correcta en cada caso.**

1. De *trabajar/trabajaría* en Alemania, *tendría/tuviera* más días de vacaciones.

2. En Argentina hay dos semanas de vacaciones, *excepto que/excepto si* hayas trabajado más de diez años en la empresa.

3. En Japón, *a no ser que/a no ser de* trabajes para una compañía europea, tienes derecho a *10/15* días hábiles.

4. No me importaría trabajar en cualquier lugar del mundo, *siempre/siempre que* tenga unas vacaciones razonables, como por ejemplo en Venezuela donde disfrutan de *15/20* días *hábiles/de corrido*.

5. Me tomaría las vacaciones en septiembre *a condición de/a condición de que* me las *paguen/pagarían*.

6. Si *fuera/soy* costarricense, *disfrutaría/habría disfrutado* de 15 días de vacaciones al año.

7. Nunca trabajaría en una empresa que no me concediera vacaciones, *salvo que/salvo* me *pagaran/pagarían* un salario increíble.

CONDICIONALES

Gramática

Condicionales con de

De + infinitivo = Si + imperfecto de subjuntivo.

Ejemplo: De tener mejor currículum, intentaría conseguir ese trabajo = Si tuviera mejor currículum, intentaría conseguir ese trabajo.

Para expresar condiciones imprescindibles

Siempre que; siempre y cuando; con tal de que; a condición de que.

La condicional posible va en presente de subjuntivo.

Ejemplo: Abriremos el negocio, siempre que tengamos el dinero suficiente.

Las condicionales poco probables o imposibles se forman igual que con el conector *si*.

Ejemplo: Ampliaríamos el restaurante, siempre y cuando consiguiéramos un nuevo socio.

Para expresar que la condición es una excepción

A no ser que; excepto que; salvo que.

La condicional posible va en presente de subjuntivo.

Ejemplo: Compraremos el local para nuestra tienda, excepto que suban el precio.

Las condicionales poco probables o imposibles se forman igual que con el conector *si*.

Ejemplo: Ellos habrían contratado a otra persona, salvo que hubieran aumentado las ventas.

3

Escribe tu opinión sobre el trabajo idóneo

▸ **Primero, elige tu situación actual. Luego, escoge un tema y escribe tu opinión.**

Estoy trabajando actualmente	
De poder cambiar de trabajo, ¿lo harías o seguirías en el que tienes actualmente?	¿Te gustaría cambiar algo de tu trabajo si tuvieras la oportunidad? ¿Y hay algo que mantendrías igual?

No estoy trabajando actualmente	
De poder escoger, qué condiciones debería tener el trabajo perfecto.	De tener capacidad de decisión, ¿cuáles serían las condiciones ideales de vacaciones para los trabajadores de tu país?

Paso 4
Repasa y conversa · sobre educación y empleo

1 · Repasa y amplía el vocabulario del mundo del trabajo

a. ▶ Relaciona las dos partes de las definiciones y di qué palabra describen.

> • Oposiciones • Bolsa de trabajo • Precariedad laboral • Autoempleo • Contrato basura
> • Tasa de desempleo juvenil • Trabajo estable • Acceso al mundo del trabajo

1. Es un procedimiento de selección que consiste en...	**a.** ... de poca estabilidad o duración.
2. Es una actividad profesional creada y ejercida...	**b.** ... donde se inscriben los candidatos para un puesto de trabajo según su preparación y las necesidades.
3. Se le llama así a un contrato de trabajo...	**c.** ... que se encuentran sin trabajo.
4. Listado que tiene una empresa privada o pública...	**d.** ... por el propio individuo. A esta persona se la llama *autónomo*.
5. Puesto de trabajo fijo o que, al menos,...	**e.** ... a la vida laboral.
6. Situación en el trabajo...	**f.** ... la realización de una o varias pruebas para que los candidatos al puesto de trabajo demuestren su competencia.
7. Porcentaje de personas entre 18 y 30 años...	**g.** ... de malas condiciones, inestable, baja remuneración, etc.
8. Entrada, por primera vez,...	**h.** ... dota de estabilidad a la persona en cuanto a la duración y a lo económico.

b. ▶ Completa con las palabras y expresiones del cuadro. Luego, relaciona para completar la información de cada frase.

> • convenio colectivo • salario mínimo interprofesional • despido • edad de jubilación
> • subsidio por desempleo • mercado laboral • sindicatos

1. Por ley, ningún trabajo puede ser remunerado con una cantidad inferior al ....,

2. Los políticos están planteando subir la .... de los 65 a los 67 años,

3. Este año van a revisar el .... de la educación y van a cambiar algunos puntos, como la duración de la jornada laboral y el salario,

4. Me encantaría trabajar en España, pero el .... está muy difícil actualmente,

5. Los .... han convocado una huelga general para el próximo 19 de mayo,

6. Mi hermana va a denunciar a su jefe por .... ilegal. No le avisó con la antelación que dice la ley,

7. El .... es una ayuda que se da a las personas que han perdido su trabajo involuntariamente y cumplen unos requisitos determinados,

a. a pesar de que la mayoría de los maestros lo son por oposición.

b. contra la tasa de desempleo juvenil tan alta.

c. pero esa medida puede retrasar el acceso al mundo del trabajo para los jóvenes.

d. pero no para los autónomos, es decir, a los que tiene autoempleo.

e. por muy contrato basura que sea.

f. y eso que tenía un trabajo estable.

g. y las bolsas de empleo de las empresas están llenas de solicitudes.

2 Repasa las oraciones condicionales

a. ▶ **Completa con los verbos en la forma adecuada.**

1. Si aceptara ese trabajo, (ganar) .... el doble de lo que gano ahora.
2. Si (tener) .... vacaciones en verano, iríamos a Costa Rica. Es un país que me encantaría conocer.
3. Si vuelves a la ciudad, por favor, (llamar) ....me y quedamos para hablar de nuestras cosas, de los negocios, etc. ¿De acuerdo?
4. Si conocierais a mi jefe, (entender) .... mejor lo que digo.
5. Si el sueldo (ser) .... un poco más alto, sería el trabajo perfecto.
6. Por las tardes, si tengo tiempo después del trabajo, me (gustar) .... pasear por el paseo marítimo o jugar con los niños. Es la mejor forma para desconectar.
7. A no ser que me (tocar) .... la lotería, no podré irme de vacaciones.
8. Si nuestros socios (traer) .... nuevas ideas, todo sería más fácil... Actualmente, nosotros tenemos que hacer todo el trabajo...

b. ▶ **Completa con alguna expresión condicional.**

1. Nunca trabajaría en otro país, ... me pagaran el doble.
2. No me importaría cambiar de empresa, ... me permitieran tomarme las vacaciones en agosto.
3. .... tener más experiencia en mi profesión, podría optar a otro empleo mejor remunerado.
4. .... aumenten el salario mínimo interprofesional, mucha gente continuará en una situación de precariedad laboral.
5. .... me dieran un buen trabajo, me iría a donde sea.
6. .... existiera la posibilidad de ascender en mi empleo, la aprovecharía sin dudarlo.
7. No cambiaría mi lugar de residencia, ... no tuviera otra opción posible.
8. .... no cambien el convenio laboral, nuestro sector seguirá siendo de los mejor pagados.

c. ▶ **Completa las siguientes frases.**

1. Para que las empresas no fracasen,...
2. De no haber dejado mi trabajo hace tres años,...
3. Si aumentara más la inestabilidad laboral,...
4. Si estudiara más idiomas,...
5. Si me seleccionaran para ser director de mi empresa,...
6. Para solucionar el problema del paro, los gobiernos…
7. No tengo pensado montar una empresa, pero...
8. Si tuviera un trabajo estable y con un buen salario,...

3 Utiliza el vocabulario sobre las nuevas profesiones

▶ **Relaciona cada definición con su profesión correspondiente.**

1. Director de sostenibilidad.
2. Coordinador de trabajo a distancia.
3. Consultor educativo.
4. Coordinador de servicios de cuidados a personas mayores.
5. *Community manager.*

5 **a.** Se trata de un cargo relacionado con las redes sociales. Su misión es la de gestionar el perfil social de una empresa en Internet.

2 **b.** Los responsables de esta profesión tratan de distribuir de forma racional el trabajo de un grupo de cuidadores de ancianos.

4 **c.** Es la persona que dirige el trabajo de un grupo de empleados que no ocupan el mismo lugar físico.

3 **d.** Esta profesión trata de ofrecer las mejores salidas a los estudiantes dependiendo de sus características individuales.

1 **e.** Es el encargado de administrar los recursos de una empresa de forma que estos no se agoten y puedan reciclarse.

Conversa

4 ¿La educación actual prepara realmente para la vida profesional? Da tu respuesta. Pero antes, infórmate y prepárate.

a. ▶ Lee estos textos y anota tus opiniones sobre los mismos.

Cambio en el gobierno, nuevo sistema educativo. ¿Nos suena, no? ¿Pero nadie se da cuenta de que así no vamos a ningún sitio? El sistema educativo debe ser un sistema a largo plazo y pactado por los principales partidos políticos del país. Debe ser uno de esos temas «de país», donde se requiera un amplio consenso y no se cambie a las primeras de turno. Además, debe ser un sistema totalmente adaptado al mercado de trabajo. Yo recuerdo que salí de la universidad y me dijeron «ahora que tienes la teoría, aprenderás a trabajar». Es otra de las grandes incongruencias de nuestra sociedad que debemos corregir. Se tiene que educar a trabajar, y se educa no solo transmitiendo conocimientos, sino también enseñando actitudes, habilidades y valores.

Adaptado de *alumni.blogs.eada.edu*

La escuela desaparecerá en 20 años y pasaremos a la formación personal. Todo se puede aprender en la red. La escuela actual debe formar a personas para el futuro, no para los tiempos actuales. Nuestros alumnos están acostumbrados a la información inmediata... ellos han cambiado, pero la escuela sigue como hace muchos años. Uno de los grandes retos de la educación es conciliar el entretenimiento con el conocimiento. Sobre ello, ponentes como Robinson, Punset o Prensky discutirán en el Foro sobre Educación Global que tendrá lugar este fin de semana en Barcelona.

Adaptado de *aulatic.com*

La transición entre la universidad y el mundo laboral puede ser difícil, ya que involucra levantarse temprano, dedicar la mayor parte de su día al trabajo, seguir un código de vestuario, pagar sus cuentas, asumir responsabilidades, desarrollar la labor bajo presión, conocer a nueva gente... Este es el «mundo real» del que tanto ha oído hablar.

Adaptado de *encontrandodulcinea.com*

Las profesiones más demandadas en la actualidad (director de *marketing, community manager,* coordinador de trabajos a distancia, etc.) no existían hace tan solo diez años. Sin embargo, las carreras universitarias más solicitadas por los estudiantes siguen siendo las tradicionales (Derecho, Administración de Empresas, Medicina...). ¿Hacia dónde vamos? ¿De quién es la culpa?

Adaptado de *noticias.universia.como.bo*

b. ▶ Amplía tu reflexión con estas otras preguntas.

- ¿En qué debería cambiar la universidad para preparar a los alumnos para el mercado laboral?
- ¿Son útiles las prácticas en empresas o se utiliza a la persona en prácticas solo para hacer fotocopias o llevar café a los jefes?
- ¿Vamos hacia un futuro sin escuela, sin universidad, tal y como la entendemos ahora? ¿En el futuro, cada uno se formará individualmente en los temas que le interesen?

c. ▶ Expón tu opinión haciendo referencia a los textos.

Para citar

- Como dice el primer/segundo texto...
- Estoy totalmente/plenamente de acuerdo con lo que dice el texto 3.
- No estoy de acuerdo con el autor del texto 3, donde afirma que...
- Coincido con el autor del texto 4...
- No entiendo cómo el autor del texto 2 dice/ puede afirmar que...
- Me extraña lo que dice el texto 2...
- En el texto 1, en el primer/segundo párrafo, se dice que...
- Me sorprende/Me llama la atención la noticia...

Haz predicciones sobre el futuro

Paso 1 Lee y escribe		sobre los cambios vividos en la sociedad.
Paso 2 Escucha y cuenta		el futuro de los jóvenes.
Paso 3 Comprende e interactúa		acerca de los jóvenes y la vida política.
Paso 4 Repasa y conversa		sobre el futuro.

Paso 1
Lee y escribe
Sobre los cambios en la sociedad

1 **Lee un artículo y conoce los movimientos juveniles de la historia**

a. ▸ **Relaciona los eslóganes con los movimientos o épocas. ¿Qué crees que significa cada lema? ¿Puedes ordenarlos cronológicamente?**

No hay **futuro**.

Vive de tus **padres** hasta que puedas vivir de tus **hijos**.

Jóvenes aunque sobradamente **preparados**.

Debajo de los **adoquines** está la **playa**.

Haz el ✌ **amor** y no la **guerra**.

- Generación nini   - Movimiento *punk*   - Generación X   - Mayo del 68 francés   - *Hippies*

b. ▸ **Lee, ponle título al texto y comprueba tus respuestas anteriores.**

Los distintos **movimientos** juveniles de los últimos años han supuesto un intento de revelarse y de imponer sus **ideales**, pero no siempre lo han conseguido. Algunos les critican una cierta **inmadurez**.

En los años sesenta, contrarios a la guerra de Vietnam y bajo el lema «Haz el amor y no la guerra», surgieron los *hippies*, caracterizados por una anarquía no violenta, por la preocupación por el medio ambiente y por un rechazo general al materialismo. No obstante, muchos de sus líderes son, en la actualidad, bastante **conservadores**.

A finales de esa misma década, durante los meses de mayo y junio de 1968, Francia y, especialmente, París vivieron una **revuelta** estudiantil y juvenil a la que posteriormente se unieron los **sindicatos** y provocó la mayor **huelga** general de la historia de Francia. Bajo la consigna «Debajo de los adoquines está la playa», se vivieron una serie de protestas protagonizadas por grupos contrarios al **consumismo** que conmocionó a la sociedad entera.

El *punk*, un fenómeno musical de los años setenta, derivó en un movimiento crítico con el rumbo de la sociedad contemporánea. La mayoría de los que forman parte de esta tribu urbana se declaran anarquistas y pesimistas respecto al futuro, de ahí que su lema sea «No hay futuro».

La **generación** X o los *yuppies* (conocidos en España como «jóvenes aunque sobradamente preparados») se trata de la generación nacida en la década de los 70 y mejor preparada de la historia, lo que les auguraba un brillante futuro laboral y económico. Sin embargo, los bajos sueldos, el gran número de licenciados universitarios y los cambios sociales les han dejado casi sin **expectativas**.

Los ninis, un sector de la población joven que en la actualidad ni estudia, ni trabaja, sino que sigue dependiendo de sus padres, refleja la crisis del sistema y la pérdida de valores se ejemplifica en una frase: «Vive de tus padres hasta que puedas vivir de tus hijos».

c. ▶ **Relaciona las palabras marcadas en el texto con estas definiciones.**

	→	Conjunto de convicciones o creencias.
	→	Desarrollo y difusión de una tendencia artística, cultural, política o social.
	→	Defensor de los valores tradicionales.
	→	Comprar productos aunque no sean necesarios.
	→	Asociación de trabajadores que defiende sus intereses económicos y laborales.
	→	Protestar de forma violenta contra la autoridad.
	→	No acudir al puesto de trabajo un día como forma de protesta.
	→	Grupo de personas nacidas en fechas próximas y que, por lo tanto, se presupone que tienen referencias culturales similares.
	→	Esperanza o posibilidad de conseguir una cosa.
	→	Falta de madurez, que todavía no se comporta como una persona adulta.

d. ▶ **Encuentra puntos comunes y diferentes entre los movimientos del texto.**

2 | Aprende a expresar ideas opuestas

▶ **Observa el cuadro, fíjate en los ejemplos subrayados en el texto y relaciona.**

Gramática

> **ORACIONES ADVERSATIVAS. Presentan una idea opuesta**
> **Pero** se utiliza para contraponer ideas. Es el más utilizado.
> **Sin embargo** y **no obstante** se contraponen a la frase anterior de forma parcial y se usan en contextos más formales.
> **Sino** se usa para corregir una idea negativa.

1. El presidente debería dimitir no solo por la huelga del 50 % de los trabajadores,

2. Los sindicatos han logrado un acuerdo con casi todas las partes,

3. A lo largo de la historia los jóvenes siempre se han revelado contra la autoridad,

4. El consumismo es uno de los principales defectos de la sociedad actual,

pero

sin embargo

sino

no obstante

a. esta generación es bastante conservadora.

b. por el número de parados que hay.

c. no han conseguido convencer a algunos grandes empresarios de sus reivindicaciones.

d. si la gente no comprara, las empresas no obtendrían beneficios.

3 | Escribe sobre las tribus urbanas

▶ **Elige una de las fotos, descríbela, cuenta lo que sepas de esta tribu urbana y di si te identificas o no con ella y por qué.**

Paso 2
Escucha y cuenta
El futuro de los jóvenes

1 Conoce las preocupaciones de los jóvenes y aprende vocabulario

a. ▶ Escucha a estos jóvenes entrevistados en la calle y señala el orden en el que escuchas cada opinión. ¿Qué opinas de lo que dicen? Coméntalo con tus compañeros.

No sé cómo será mi futuro laboral, aunque creo que el esfuerzo que estoy haciendo en la universidad dará resultados.

a. ☐

Creo que los políticos mienten. Aunque es verdad que en el extranjero hay trabajo, no es fácil dar el paso, aprender el idioma, conocer una nueva cultura o salir con toda la familia.

b. ☐

c. ☐

He escuchado las declaraciones del ministro de Vivienda, pero sigo muy preocupado por el precio de las casas, aunque el ministro haya dicho que van a bajar.

Considero que la situación es complicada e injusta porque, aunque los jóvenes quieran, no podrán abrir sus propios negocios porque no hay ayudas del Estado.

d. ☐

b. ▶ Escucha de nuevo y señala de cuáles de los siguientes aspectos hablan los jóvenes.

Ligar ☐   Estabilidad laboral ☐   Ofertas laborales ☐   Aumentar la familia ☐

Alquilar un piso ☐   Formación ☐   Amigos de la infancia ☐

Vivir con la pareja ☐   Buscar empleo ☐   Pagar la hipoteca ☐

c. ▶ Ahora clasifica los conceptos anteriores y los siguientes en categorías.

> • Pagar el agua/la luz/el gas • Tener pareja estable • Ver un piso • Firmar un contrato • Casarse • Pagar la comunidad • Tener experiencia • Despedir • Piso de segunda mano

Las relaciones	El mundo del trabajo	La vivienda

2 | Aprende a explicar impedimentos o dificultades

a. ▶ **Lee la explicación y busca en los cuatro textos anteriores ejemplos para completarla.**

Gramática

> *Aunque* + **presente de indicativo**
> El impedimento u obstáculo es un hecho o un dato real.
>   *Ejemplo:* ....
>
> *Aunque* + **subjuntivo**
> Nos referimos a un impedimento u obstáculo futuro, del que no tenemos experiencia todavía.
>   *Ejemplo:* ....
> Hay una excepción a la primera regla: si no presentamos el hecho por primera vez y hablamos de dicho dato como algo que es indiferente para nosotros, aunque sea un hecho real, usamos presente de subjuntivo.
>   *Ejemplo:* ....

b. ▶ **Relaciona y completa.**

1. Ahora que ha nacido nuestro segundo hijo tenemos que buscar una nueva casa...

2. Aunque me (decir) .... esta mañana que han salido nuevas ofertas de empleo,...

3. Ayer, cuando iba a la universidad, hacía mucho frío,...

4. La verdad es que no nos interesa este local para abrir la tienda, porque está muy lejos del centro, pero es que, aunque (querer) ....

5. Mi hijo está desesperado. Aunque (ir) .... a dejar su currículum todas las mañanas a todas partes,...

6. Mañana iremos a Valencia al curso y...

7. Todavía no estoy preparado para casarme y me parece que mi novia tampoco.

8. Aunque Carlos no (estudiar) .... nunca,

a. aunque (hacer) .... sol.

b. Por eso, creo que, aunque se lo (pedir) ...., me diría que no. Esperaremos todavía un poco.

c. no podríamos pagarlo. Nos pedían casi 4 500 euros al mes.

d. ... aunque no (tener) .... mucho dinero, como ya sabes.

e. aunque (nevar) ...., iremos en coche, porque se tarda menos.

f. yo no soy muy optimista sobre mis posibilidades, porque no tengo experiencia.

g. ... siempre aprueba sus exámenes. Es inteligentísimo.

h. ... lleva ya seis meses en el paro y todavía no lo han llamado para ninguna entrevista.

3 | Cuenta cómo ves el futuro de los jóvenes

▶ **Cuenta a tus compañeros cómo ves el futuro de los jóvenes: ilusiones, tus expectativas, las dificultades que esperas sobre el trabajo, la vivienda, las relaciones personales. Utiliza este esquema para organizar tus ideas.**

Objetivos o expectativas ➡ Obstáculos o dificultades ➡ Posibles soluciones

Paso 3
Comprende e interactúa
Sobre jóvenes y política

1 Haz una encuesta y da tu opinión sobre los jóvenes y la política

a. ▶ Contesta a esta encuesta y piensa en un argumento para cada una de tus respuestas. Luego, debate tus respuestas con tus compañeros.

SISTEMA Digital

Inicio | Fundación Sistema | Revista Temas | Revista Sistema | Revista Principios | Publicaciones | Contacto

Director: José Félix Tezanos - Subdirector: Rafael Simancas

Buscar en: Publicaciones

Semana del 29 de julio al 4 de agosto de 2013

Punto de Vista

RAFAEL SIMANCAS

TRAGEDIA A ALTA VELOCIDAD

Ya hemos vivido otras catástrofes con muchos muertos y heridos, pero resulta imposible llevar a cabo una aproximación puramente racional, al menos...

Ver más 25 de julio de 2013

Enfoques

VICENÇ NAVARRO

DESMITIFICANDO LA BANCA ALEMANA

No existe plena conciencia en España de lo que ha estado ocurriendo en Alemania con sus Bancos, los cuales se presentan frecuentemente en los medios...

Ver más 25 de julio de 2013

Comentario Político

EDUARDO SOTILLOS

Los **ciudadanos** y la vida política

a. Sobre los **deberes** de los ciudadanos.
1. El deber de conocer la **Constitución**.
2. El deber de pagar los **impuestos**.
3. El deber de cumplir las leyes.
4. El deber de defender el país.

b. Sobre los **derechos**.
1. El derecho a una educación **pública**, gratuita y de calidad.
2. El derecho a una sanidad pública, gratuita y de calidad.
3. El derecho a una vivienda digna.
4. El derecho a un trabajo y un salario dignos.
5. El derecho a la protección y a la seguridad.

c. Sobre las preocupaciones.
1. El paro.
2. La **crisis** económica.
3. El **terrorismo**.
4. Las guerras.
5. El medio ambiente.
6. La familia.

d. Sobre las instituciones.
1. La Monarquía.
2. La Iglesia.
3. Los partidos **políticos**.
4. Los **sindicatos**.
5. Las **ONG**.
6. El Ejército.

e. Sobre las formas de gobierno.
1. La **monarquía**.
2. La república.
3. La **dictadura**.
4. La anarquía.

f. Sobre los líderes.
1. El rey o el jefe de Estado.
2. El presidente del Gobierno.
3. Los ministros.
4. Los alcaldes.
5. Los diputados.

b. ▶ Esta misma encuesta se la formularon a un grupo de jóvenes españoles. Lee los resultados, complétalos con algunas de las palabras señaladas en el texto y marca en la encuesta anterior la respuesta mayoritaria de los jóvenes españoles.

● **Aunque España viva en una democracia desde la muerte de Franco** y, por tanto, desde el final de su ...., los jóvenes ven que cada vez se recortan más sus .... Les preocupan especialmente tres de ellos: que la sanidad siga siendo .... y gratuita, poder encontrar trabajo y tener acceso a una vivienda digna.

● Los jóvenes opinan que la república es la forma de gobierno ideal. **Aunque la mayor parte de la generación de sus padres se declare monárquica**, los nacidos a partir de los años ochenta consideran que la .... es algo anticuado, impropio del siglo XXI.

● Sobre los referentes de los jóvenes, los partidos .... y los sindicatos están mejor valorados que la Monarquía, la Iglesia o el Ejército. Sin embargo, son las ONG las instituciones en las que más confían. Dentro de los políticos, **aunque no estén bien valorados en general**, los alcaldes son en quienes más confían, mucho más que en los ministros, el presidente o el propio rey.

● El único de los .... importantes para los jóvenes es cumplir las leyes. **Incluso afirman que, aunque no se conocieran todas las leyes, igualmente estaríamos obligados a cumplirlas.** Es más, no creen que haya que conocer en profundidad la ...., ya que eso es algo de políticos y abogados. Por otra parte, consideran que los .... son excesivos e injustos.

● A los jóvenes les preocupan el desempleo y la familia. Dicen que, **aunque hoy mismo les aseguraran que la crisis va a terminar y va a haber nuevamente empleo**, la .... financiera global seguiría siendo su primera preocupación.

2 Profundiza en el uso de **aunque** con subjuntivo

a. ▸ **Completa la explicación con estas palabras y con ejemplos de la actividad anterior.**

> **ORACIONES CONCESIVAS *AUQUE* + SUBJUNTIVO**
>
> presente   irreal   conocido   imperfecto
>
> ■ Cuando el impedimento ya se ha presentado anteriormente o es .... por las personas que hablan, usamos ***aunque* + presente de subjuntivo**.
>   *Ejemplo:* ....
> ■ Cuando expresamos un impedimento .... o hipotético, usamos ***aunque* + pretérito imperfecto de subjuntivo** con un condicional.
>   *Ejemplo:* ....
> ■ Para indicar una gran dificultad o una imposibilidad, usamos ***aunque* + ... de subjuntivo**, y cuando señalamos una dificultad de menor grado, usamos ***aunque* + ... de subjuntivo**.
>   *Ejemplos: Aunque no se conozcan las leyes, estamos obligados a cumplirlas.*   (menor dificultad)
>   *Ejemplo:* ....   (mayor dificultad)

b. ▸ **Completa según tu opinión.**

- Los reyes de España tienen buena imagen aunque ....
- Todos los españoles deberían conocer la Constitución aunque ....
- Los jóvenes no confiarían en los políticos aunque ....
- La gran preocupación de los jóvenes es el trabajo y la vivienda aunque ....
- Hay que pagar los impuestos aunque ....
- La política y los políticos son necesarios aunque ....

3 Interactúa sobre cómo animar a los jóvenes a que participen

▸ **Lee estas propuestas, elige las tres más idóneas para favorecer la participación de los jóvenes en la vida política e imagina las objeciones que se pueden poner (utilizando los marcadores concesivos). Debate y defiende tus ideas.**

Más jóvenes como directivos de los partidos políticos.

Uso de las nuevas tecnologías para comunicarse.

Formación a los jóvenes sobre la vida política para que conozcan otras formas de participar, además del voto.

Escuchar las necesidades de los jóvenes y no darles consejos o hacerles falsas promesas.

Incluir, durante la escuela y el instituto, proyectos de participación política en su pueblo o ciudad.

Luchar por que no haya corrupción en la política y por que se vea que los políticos están al servicio de los ciudadanos.

Paso 4
Repasa y conversa
Sobre el futuro

1 Repasa el vocabulario de los movimientos juveniles

▸ **Completa con las palabras del cuadro.**

> • movimiento • conservadores • ideales • revuelta • huelga • expectativas • generación • inmadurez

1. La ….................... general de 1988, que paralizó prácticamente a todo el país, es considerada la de mayor seguimiento en la historia de España y obligó de forma inmediata al Gobierno a negociar con los sindicatos.
2. Muchos de los ….................... del ….................... *hippie* siguen siendo reivindicaciones necesarias hoy en día como, por ejemplo, el antibelicismo.
3. La rebeldía y la ….................... son características propias de la juventud.
4. La conocida como ….................... JASP es la que más universitarios y más ….................... ha proporcionado en la historia de España, aunque desgraciadamente por la llegada de la crisis, estas no se han cumplido.
5. La ….................... de Mayo del 68 solo puede compararse a la vivida en España el 15M.
6. La juventud siempre se enfrentará a los movimientos más ….................... de la sociedad, es parte de su marca de identidad.

2 Repasa las oraciones adversativas

▸ **Completa con los conectores adversativos. A veces hay más de una opción posible.**

> • pero • sin embargo • aunque • sino • no obstante

1. Los ninis y el movimiento *punk* tienen algunos puntos en común, …................ el *punk* tiene un estilo y una estética propios.
2. No se puede decir que todos los jóvenes son rebeldes, …................ la mayoría suele serlo a esa edad.
3. Es verdad que la revuelta de Mayo del 68 consiguió cambiar algunas cosas, …................ se necesita algo más para conseguir cambiar la sociedad.
4. Muchos políticos actuales no solo no se interesan por los problemas reales de la gente, …................ que parece no importarles nada.
5. La mayor preocupación de la gente es el trabajo, …................ la sanidad y la educación también ocupan un lugar destacado.

3 Repasa el vocabulario de las preocupaciones de los jóvenes

▸ **Elige la opción adecuada.**

1. *Vivo en pareja/Ligo* desde 2008 y el año que viene nos queremos casar.
2. Mis padres, después de más de 20 años, han terminado este mes de pagar la *hipoteca/comunidad*.
3. Esta tarde, Mónica y yo vamos a *ver un piso/firmar un contrato* porque estamos pensando en mudarnos.
4. Hace ya 10 años que *me casé/tengo pareja estable* y recuerdo la boda como si fuera ayer.
5. El mes pasado nos cortaron *el agua/el gas* por equivocación y no pudimos ducharnos con agua caliente durante una semana.
6. Es imposible encontrar *estabilidad laboral/amigos de la infancia*. Ahora solo te llaman para ofrecerte trabajos basura, de corta duración... bueno, eso si te llaman.
7. *Tener experiencia/Cumplir años* es un requisito imprescindible para poder trabajar en nuestra empresa.
8. En cuanto empezamos a *tener experiencia/cumplir años*, surgen los deseos de *pagar la hipoteca/tener hijos*.

4 Repasa el vocabulario de la política

▸ **Completa y relaciona.**

> • Constitución • derecho • impuestos • crisis • deber • terrorismo • monarquía • república • sindicatos
> • ONG • alcalde • partidos • pública • privada • ministro • presidente • diputados

1. El .... de Educación se reúne hoy con los representantes de los ....
2. En la .... española se dice que el castellano es la lengua oficial. Los españoles tienen el .... de conocerla
3. El .... del Gobierno ha informado de la subida de los ....
4. El pueblo está representado por los ....
5. Mi hermano está colaborando con una ....
6. Los dos .... políticos más importantes en España
7. El .... de la ciudad se ha reunido con los
8. La .... ha pasado a ser la principal preocupación de los españoles,
9. Los países como España donde hay una ....
10. La principal diferencia entre sanidad .... y

a. del agua, del gas y de la electricidad.
b. son el PP y el PSOE, que entre los dos reciben más del 60 % de los votos en las elecciones.
c. para dar una solución a los profesores que están de huelga.
d. en cambio, el .... ha pasado a la décima posición en este *ranking*.
e. y el .... de usarla. Además, el vasco, el catalán y el gallego son lenguas cooficiales en las comunidades autónomas respectivas.
f. principales concejales de la oposición para debatir sobre la construcción del metro.
g. que defiende a los derechos de los pueblos indígenas de América Latina.
h. en el Congreso.
i. no tienen la figura del primer ministro como jefe de Estado como ocurre en una ....
j. .... es que en esta última los tiempos de espera son mucho menores.

5 Repasa las concesivas

▸ **Elige la opción adecuada.**

1. —Hay rebajas en Armani esta semana, ¿no?
   —No lo sé, pero aunque *hay/haya*, esa tienda siempre es cara.
2. —Samuel, ¿vas a ir a la manifestación? No hay mucha gente en la calle.
   —Claro que sí, aunque no *hay/haya* gente, hay que estar allí.
3. —¿Qué te parecen las nuevas decisiones adoptadas por el ministro?
   —Pues aunque *tenía/tuviera* la tele encendida, no me he enterado muy bien porque estaba pensando en mis cosas.
4. —¡No entiendo cómo puedes estar en contra del movimiento *hippie*!
   —Mira, aunque no lo *creas/crees*, para mí los *hippies* son demasiado inocentes.
5. —¡Fíjate qué chaqueta! Está baratísima.
   —¡Qué rabia!, aunque *está/esté* muy bien de precio, no puedo comprarla porque todavía no he cobrado este mes.
6. —Manu está encantado con sus tortugas.
   —¿Sabes qué? Aunque me las *regalaran/regalen* nunca las querría, no tengo tiempo para cuidarlas.
7. —¿Vienes a correr al parque?
   —De acuerdo, aunque *salí/saliera* ayer a correr, hoy no estoy cansado.
8. —¿Puedes encender el aire acondicionado?
   —Pues verás, aunque *estamos/estemos* a 100 ºC, no pienso encenderlo, ¿sabes el precio al que está la electricidad?

Conversa

6 ¿Qué opinas sobre los jóvenes? ¿Eres optimista sobre el futuro? Da tu opinión, pero antes prepárate.

▸ Lee y elige las opiniones con las que estés de acuerdo y debate con tus compañeros.

Los jóvenes participan en la vida política mucho más que antes, pero por otros medios: redes sociales, manifestaciones, movimientos como el 15M, asociaciones juveniles, sindicatos de estudiantes... Me parece increíble que se diga que los jóvenes no están interesados por la política...

A los jóvenes no les interesa la política. Están desencantados con los dirigentes y cada vez se alejan más de la vida de los partidos políticos o los sindicatos, no saben el nombre de los ministros y muchos ni siquiera votan.

Amador Rivas, 36 años
Profesor universitario de Ciencias Políticas

Vicente Maroto, 70 años
Jubilado

Los jóvenes solo piensan en sí mismos. Únicamente les interesa irse de fiesta, jugar a los videojuegos, el fútbol y la música... en pocas palabras: pasarlo bien.

Maite Figueroa, 78 años
Ama de casa

Los jóvenes cada vez son más solidarios y participan en ONG y asociaciones ecologistas o que defienden los derechos humanos. Además, tienen un fuerte sentimiento familiar y los amigos son muy importantes para ellos.

Berta Escobar, 37 años
Cocinera

Los jóvenes actuales estudian en la universidad una o dos carreras, después hacen un máster... o más, estudian idiomas en el extranjero, hacen prácticas en empresas... Tengo clarísimo que la generación actual es la más formada de la historia y no es justo que se diga que no están motivados o que son unos vagos. Creo que hay muchos prejuicios.

La juventud actual está desmotivada, no encuentra trabajo y, por eso, deja de buscarlo. Se pasa el día en casa (casi siempre en casa de sus padres porque el tema del acceso a la vivienda tampoco es fácil) sin hacer nada. Ve que tantos años de estudios no sirven para nada.

Cada vez más jóvenes votan en blanco. Y los partidos políticos deben entender que el voto en blanco es un ejercicio crítico y que los jóvenes que votan en blanco son activos políticamente, seguramente se manifiestan en las calles y reflexionan y opinan en las redes sociales.

Antonio Recio, 52 años
Sociólogo

Raquel Villanueva, 31 años
Periodista

Jorge Calatrava, 58 años
Hostelero

Gramática y comunicación

PRETÉRITO PERFECTO DE SUBJUNTIVO. MORFOLOGÍA

Formación. El pretérito perfecto de subjuntivo se forma con el presente de subjuntivo del verbo *haber* más el participio del verbo principal.

(yo)	haya	
(tú, vos)	hayas	
(él, ella, usted)	haya	+ participio
(nosotros/as)	hayamos	
(vosotros/as)	hayáis	
(ellos, ellas, ustedes)	hayan	

PRETÉRITO PERFECTO DE SUBJUNTIVO. SIGNIFICADO Y USO

Se usa en los mismos casos que el presente de subjuntivo, pero en el contexto temporal del pretérito perfecto.

En las estructuras que rigen subjuntivo (opinión negativa, valoración, probabilidad, deseo...), usamos el presente de subjuntivo para referirnos al presente (información general) o al futuro y el pretérito perfecto de subjuntivo, para referirnos a acciones terminadas.

::: **Para expresar un deseo**

Ojalá **haya llegado** a tiempo a la sesión de las siete y **haya podido** ver la película.

::: **Para expresar probabilidad**

Puede que no **hayan visto** la última película de Julio Medem todavía.

::: **Para expresar opinión negativa**

No creo que Penélope Cruz **haya hecho** su mejor interpretación en esta película.

::: **Para valorar**

Es una pena que no **haya ganado** el premio al mejor actor, porque lo hace muy bien.

::: **Para rechazar una evidencia**

No es verdad que **haya superado** el número de espectadores que consiguió con su anterior filme.

::: **En oraciones relativas de antecedente desconocido**

Están buscando a un actor que **haya trabajado** en Estados Unidos para la nueva película.

::: **En oraciones temporales referidas al futuro**

Por favor, llámame por teléfono cuando **hayas comprado** las entradas, ¿vale?

::: **Para corregir una causa**

No es famoso porque **haya salido** en esa revista, sino porque ha hecho papeles muy buenos en muchas películas.

::: **Para expresar consecuencia**

El director argentino ha estrenado una nueva película, de ahí que **haya ido** a México para la promoción.

Léxico

LA INDUSTRIA DEL CINE	CARACTERÍSTICAS TÉCNICAS	IR AL CINE

crítica cinematográfica (la)
cuota de pantalla (la)
descargar películas de Internet
entrada (la)
espectador (el)
filme (el)
industria del cine (la)
producción nacional (la)
producción internacional (la)
sinopsis (la)
tráiler (el)
videoclub (el)
	calificación (la):
	  apta para todos los públicos
	  no apta para menores de 18 años
	duración (la):
	  cortometraje (el)
	  largometraje (el)
	partes (las):
	  banda sonora (la)
	  efectos especiales (los)
	  fotografía (la)
	  guion (el)
	personal (el):
	  actor/actriz principal (el/la)
	  actor/actriz secundario/a (el/la)
	  director (el)
	  guionista (el)
	  productor (el)
	tipo de película por el guion (el):
	  adaptación/basada en un libro
	  basada en un hecho real
		acomodador (el)
		asiento (el)
		butaca (la)
		cartelera (la)
		día del espectador (el)
		entrada (la)
		entretenerse
		estreno (el)
		fila (la)
		hacer cola
		pasarlo en grande
		película (la)
		sala de cine (la)
		taquilla (la)

ACTIVIDADES DEL CINE
rodar estrenar proyectar ver

PREMIOS
categoría (la) estatuilla (la) festival de cine (el) galardón (el) premio (el)

PRETÉRITO IMPERFECTO DE SUBJUNTIVO. MORFOLOGÍA

Formación. El pretérito imperfecto de subjuntivo se forma a partir de la tercera persona del plural del pretérito perfecto simple, quitando la terminación -ron obtenemos la raíz de este tiempo verbal.

	Hablar	**Comer**	**Vivir**
(yo)	hablara	comiera	viviera
(tú, vos)	hablaras	comieras	vivieras
(él, ella, usted)	hablara	comiera	viviera
(nosotros/as)	habláramos	comiéramos	viviéramos
(vosotros/as)	hablarais	comierais	vivierais
(ellos, ellas, ustedes)	hablaran	comieran	vivieran

PRETÉRITO IMPERFECTO DE SUBJUNTIVO. SIGNIFICADO Y USO

Se usa en los mismos casos que el presente de subjuntivo, pero en el contexto temporal de pasado o de condicional, en las estructuras que rigen subjuntivo (opinión negativa, valoración, probabilidad, deseo...), para referirnos a acciones terminadas o de un presente o futuro hipotéticos.

::: **Para expresar un deseo imposible o de difícil realización**
*Quería que Xavi Hernández **consiguiera** el premio al mejor jugador del Mundial tras la final contra Holanda.*

::: **Para expresar probabilidad sobre el pasado**
*Es posible que Verdasco **perdiera** su partido contra Ferrer por ser su primera final.*

::: **Para expresar opinión negativa sobre el pasado**
*No pienso que Argentina **jugara** mejor que Uruguay, simplemente ganaron porque tuvieron más suerte.*

::: **Para valorar el pasado**
*Fue una lástima que España **perdiera** la final de la Copa Confederaciones contra Brasil.*

::: **Para rechazar una evidencia pasada**
*No es cierto que el Atlético de Madrid de balonmano **desapareciera** por falta de apoyo.*

::: **En oraciones relativas pasadas de antecedente desconocido**
*El River Plate evaluó la posibilidad de fichar a un nuevo jugador que **ocupara** la posición de delantero centro.*

::: **En oraciones temporales**
*¡Vaya! Me perdí el sprint final. ¡Te dije que me **avisaras** cuando los ciclistas llegaran a la meta!*

::: **Para corregir una causa pasada**
*Castillejo no era un buen boxeador porque **fuera** técnicamente muy bueno, sino porque tenía mucho aguante.*

::: **Para expresar consecuencia pasada**
*Villa recibió una buena oferta económica, de ahí que **abandonara** el Barcelona para irse al Atlético de Madrid.*

::: **Para expresar finalidad pasada**
*Le pidieron que fuera al Real Madrid para que **entrenara** al segundo equipo.*

EXPRESAR SENTIMIENTOS

Verbo de sentimiento + infinitivo cuando es el mismo sujeto.
*A Contador le emocionó **ganar** el Giro de Italia por primera vez en su carrera deportiva.*
Verbo de sentimiento + *que* + subjuntivo cuando son sujetos diferentes.
*Nos emocionó **que** los jugadores **celebraran** el título con sus novias, mujeres e hijos en el campo.*

Léxico

VERBOS RELACIONADOS CON EL DEPORTE	EXPRESIONES
acertar	anotar un punto
arbitrar	batir o superar un récord
correr	caer derrotado
competir	hacer un largo
derrotar	lesionarse gravemente
empatar	lograr un triunfo
entrenar	llegar a la tanda de penaltis
fallar	marcar un gol
ganar	ponerse en forma
igualar	
jugar	
lesionarse	
nadar	
perder	
practicar	
vencer	

DEPORTES				
DE EQUIPO	INDIVIDUALES	DE CONTACTO	ACUÁTICOS	DE MOTOR
balonmano (el)	ajedrez (el)	boxeo (el)	natación (la)	Fórmula 1 (la)
baloncesto (el)	atletismo (el)	kárate (el)	natación sincronizada (la)	motociclismo (el)
fútbol (el)	ciclismo (el)	yudo (el)	piragüismo (el)	
fútbol sala (el)	esgrima (la)		remo (el)	
rugby (el)	esquí (el)		surf (el)	
voleibol (el)	hípica (la)		vela (la)	
	patinaje (el)		waterpolo (el)	
	tenis (el)			
	tenis de mesa (el)			

EXPRESAR SENTIMIENTOS		
POSITIVOS	NEUTROS	NEGATIVOS
alegrarse	sorprenderse	entristecerse
amar		frustrarse
emocionarse		lamentarse
encantar		odiar
gustar		
ilusionarse		

ESTILO INDIRECTO (I)	
PARA TRANSMITIR...	**... USAMOS**
Información actual «En Turquía las tiendas abren hasta muy tarde por la noche».	**Pretérito imperfecto** *Dijo que en Turquía las tiendas **abrían** hasta muy tarde por la noche.*
Una descripción o costumbres «En México solemos llevar dulces o flores».	**Pretérito imperfecto** *Contaron que en México **solían** llevar dulces o flores.*
Información pasada «Tuve que repetir el primer plato».	**Pretérito pluscuamperfecto** *Explicó que **había tenido** que repetir el primer plato.*
Planes de futuro «Si un español dice que nos veremos después de comer, significa que quedaremos a las 17:00 o las 18:00».	**Condicional** *Apuntó que si un español decía que se **verían** después de comer significaba que **quedarían** a las 17:00 o las 18:00.*

ESTILO INDIRECTO (II)

Para transmitir órdenes, prohibiciones, peticiones, consejos, etc. (con imperativo, presente de subjuntivo…), se usa el **pretérito imperfecto de subjuntivo** en estilo indirecto.
«Ten cuidado con lo que dices y te recomiendo que no hagas muchas bromas».
*Me aconsejó que **tuviera** cuidado con lo que decía y que no **hiciera** muchas bromas.*

EXPRESAR INVOLUNTARIEDAD

Hay verbos que indican que la acción se ha realizado sin intención, pero hay una persona que recibe los efectos de la misma *(perdérsele, caérsele, rompérsele algo a alguien)*.
Ejemplo: **Se me** *han perdido las gafas.*
Se le *rompió el ordenador la semana pasada.*
En estos verbos, el pronombre *se* señala la involuntariedad y el pronombre de complemento indirecto informa de quien recibe los efectos.

Kit de supervivencia 3

Léxico

VERBOS DE COMUNICACIÓN		EXPRESIONES
aclarar	decir	andarse por las ramas
aconsejar	declarar	chocarle algo a alguien
advertir	describir	darle a la lengua
añadir	explicar	encontrar mérito en algo
asegurar	manifestar	estar fuera de lugar
comentar	narrar	hacerse un lío
confesar	precisar	no parar de
contar	señalar	romper el hielo
		ser una situación embarazosa

DIFERENCIAS Y CHOQUES CULTURALES	MALENTENDIDOS	CURIOSIDADES CULTURALES Y SUPERSTICIONES
costumbre (la)	gestos (los)	caerse la sal
curioso	humor (el)	color de luto (el)
exótico	juzgar según unos parámetros culturales	creencias populares (las)
fusión cultural (la)		culturas aisladas (las)
horrible	lengua (la)	fanatismo (el)
ilógico	malentendido (el)	interrumpir
impuntual	pregunta tabú (la)	pueblos (más/menos) desarrollados
mezcla (la)	prejuicios (los)	romperse el espejo
puntual	tiempo (el concepto del)	ser de mala educación
ser impensable		ser supersticioso
ser raro		traer mala suerte
visión del mundo (la)		

HUMOR	HACER NEGOCIOS	FENÓMENOS LINGÜÍSTICOS
anécdota (la)	acatar la cultura del otro	acento (el)
bromear	buena presencia (la)	comprensión (la)
chistoso	cliente (el)	dialecto (el)
comentario irónico (el)	colega (el)	entenderse
contar un chiste	condenable	idioma (el)
risa (la)	contraparte (la)	lengua escrita (la)
vergüenza (la)	corroborar	lengua oral (la)
	cruzar los límites	variedad (la)
	desprecio (el)	
	distracción (la)	
	generar confianza	
	incidente (el)	
	incomprensible	
	intención (la)	
	interlocutor (el)	
	irrelevante	
	negociación (la)	
	negociar	
	negocio (el)	
	propietario (el)	
	rebajar la tensión	
	relaciones internacionales (las)	
	reunión (la)	
	táctica (la)	

PRONOMBRES RELATIVOS

Quien / Quienes
Se refieren solo a personas. Pueden ir después del antecedente y con preposición, o sin el antecedente.
Ejemplo: **Quienes** *quieran venir a la cena tienen que apuntarse aquí.*

Cuyo (a) (os) (as)
Indican posesión. Concuerdan en género y número con la persona o cosa poseída.
Ejemplo: El chef, **cuyo** *libro de recetas ha llegado a la tercera edición, nació en este pueblo y aquí está el bar donde trabajó de joven.*

El, la, los, las que
Hacen referencia a personas o a cosas. Equivalen a *quien/quienes* en el caso de personas. Pueden ir con preposición, según lo necesite el verbo.
Ejemplo: Los amigos con **los que** *juego al fútbol los miércoles por la noche han abierto un bar de tapas.*

Lo que
Hace referencia a ideas abstractas. Equivale a *eso*. Puede ir con preposición, según lo necesite el verbo.
Ejemplo: **Lo que** *no me gusta de este restaurante es que siempre hay mucho ruido y no se puede hablar.*

ORACIONES RELATIVAS

Usamos **indicativo** cuando conocemos la existencia del antecedente (la persona, la cosa o el lugar que estamos definiendo o del que estamos explicando sus características). Y usamos **subjuntivo** cuando no conocemos la existencia de dicho antecedente.

COLOCACIÓN DEL ADJETIVO Y CAMBIO DE SIGNIFICADO

Adjetivos	Colocación	Significado
Alto/a	Antepuesto Pospuesto	Excelente, de gran categoría. De gran altitud o estatura.
Buen, bueno/a	Antepuesto Pospuesto	Auténtico, valioso, profesional. Que tiene bondad, claridad.
Cierto/a	Antepuesto Pospuesto	Determinado. Verdadero, seguro.
Gran, grande	Antepuesto Pospuesto	De buena calidad e importancia. Que tiene un tamaño superior al normal.
Rico/a	Antepuesto Pospuesto	Muy variado. Que tiene muchas cualidades positivas o que es muy sabroso.
Viejo/a	Antepuesto Pospuesto	Desde hace mucho tiempo y bueno. Antiguo.

Léxico

COMIDA	GASTRONOMÍA	CARNES	PESCADOS Y MARISCOS
alimento (el)	alta cocina (la)	alitas de pollo (las)	almeja (la)
gastronomía (la)	aventura gastronómica (la)	hamburguesa (la)	caviar (el)
nutrientes (los)	cocina innovadora (la)	pierna de cordero (la)	langosta (la)
	cocina casera (la)	pechuga de pollo (la)	langostino (el)
	cocina rápida (la)		lenguado (el)
	cocina tradicional (la)		mejillón (el)
	platos tradicionales (los)		molusco (el)
	postres caseros (los)		ostra (la)
			sardina (la)
			salmón (el)

FRUTAS Y FRUTOS SECOS	VERDURAS Y LEGUMBRES	LÁCTEOS
almendra (la)	berenjena (la)	leche condensada (la)
castaña (la)	calabacín (el)	queso azul (el)
cereza (la)	garbanzo (el)	
frambuesa (la)	haba (el)	
macedonia (la)	judía (la)	
mango (el)	lenteja (la)	
nuez (la)	pepino (el)	
pera (la)	soja (la)	

POSTRES Y DULCES ESPAÑOLES	ESTABLECIMIENTOS	VARIOS
buñuelo de viento (el)	asador (el)	barbacoa (la)
ensaimada (la)	bufé libre (el)	canela (la)
roscón de Reyes (el)	franquicia de comida rápida (la)	cáscara (la)
torrija (la)	marisquería (la)	champiñón (el)
turrón (el)	pastelería (la)	concha (la)
	restaurante de alta cocina (el)	condimento (el)
	restaurante mexicano (el)	crema (la)
	restaurante vegetariano (el)	crudo
	taberna (la)	especia (la)
		fideo (el)
		maíz (el)
		orégano (el)
		potito (el)
		puré (el)
		semilla (la)
		sopa (la)

Kit de supervivencia

Gramática

VALORACIÓN O DESCRIPCIÓN CON *LO* + **ADJETIVO**		CONDICIONAL COMPUESTO	

Para valorar o describir situaciones usamos el pronombre neutro *lo* con un adjetivo.

Lo bueno	Lo arriesgado	(yo) habría	
Lo mejor	Lo positivo	(tú, vos) habrías	
Lo malo	Lo negativo	(él, ella, usted) habría	+ participio
Lo peor	Lo peligroso	(nosotros/as) habríamos	
Lo aconsejable	Lo raro	(vosotros/as) habríais	
Lo recomendable	Lo extraño	(ellos, ellas, ustedes) habrían	
Lo preocupante			

ORACIONES CONDICIONALES (I)

Significado	Estructura	Ejemplo
Condición posible	**Si + presente / presente, futuro, imperativo**	*Si no tienes claro qué hacer con tu vida y te gustan las redes sociales, estudia community manager.*
Condición poco probable	**Si + imperfecto de subjuntivo / condicional simple**	*Si te apeteciera trabajar con nosotros, deberías enviarnos tu CV por correo electrónico y te llamaríamos.*

ORACIONES CONDICIONALES (II)

Condicionales con *de*
De + infinitivo = Si + imperfecto de subjuntivo
Ejemplo: Si tuviera mejor currículum, intentaría conseguir ese trabajo = De tener mejor currículum, intentaría conseguir ese trabajo.

Para expresar condiciones imprescindibles
Siempre que; siempre y cuando; con tal de que; a condición de que.
La condicional posible va en presente de subjuntivo.
Ejemplo: Abriremos el negocio, siempre que tengamos el dinero suficiente.
Las condicionales poco probables o imposibles se forman igual que con el conector *si*.
Ejemplo: Ampliaríamos el restaurante, siempre y cuando consiguiéramos un nuevo socio.

Para expresar que la condición es una excepción
A no ser que; excepto que; salvo que.
La condicional posible va en presente de subjuntivo.
Ejemplo: Compraremos el local para nuestra tienda, excepto que suban el precio.
Las condicionales poco probables o imposibles se forman igual que con el conector *si*.
Ejemplo: Ellos habrían contratado a otra persona, salvo que hubieran aumentado las ventas.

Léxico

LA SITUACIÓN LABORAL	ACCESO AL MUNDO DEL TRABAJO
contrato (el)	abrir un negocio propio
contrato basura (el)	acceder al mundo del trabajo
despedir a un trabajador/empleado	aprobar unas oposiciones
inestabilidad laboral (la)	autoempleo (el)
mercado laboral (el)	bolsa de trabajo (la)
oferta de empleo (la)	buscar trabajo
paro (el)	compañía (la)
precariedad laboral (la)	firmar un contrato
puesto de trabajo (el)	empresa (la)
salario/sueldo bajo (el)	enviar el currículum
situación laboral (la)	multinacional (la)
tasa de desempleo (la)	oferta de trabajo (la)
trabajo estable (el)	opositar
trabajo fijo (el)	portal especializado (el)
vocación (la)	prácticas en empresas (las)
	presentarse a unas oposiciones

EDUCACIÓN	CUALIDADES Y VALORES	OCUPACIONES Y EMPLEOS
carrera de Ciencias (la)	disciplina (la)	autónomo (el)
carrera de Letras (la)	reconocimiento profesional (el)	empleado (el)
fracaso escolar (el)	satisfacción personal (la)	empleador (el)
retomar los estudios	ser el propio jefe	empresario (el)
sistema escolar (el)	tener responsabilidades	funcionario (el)
	valorar el trabajo	jefe (el)
		jubilado (el)
		parado (el)

NUEVAS PROFESIONES	OTROS ASPECTOS DEL ÁMBITO PROFESIONAL	
community manager (el)	arriesgar	plantilla (la)
consultor educativo (el)	bonificación (la)	presupuesto (el)
coordinador de servicios de cuidados a personas mayores (el)	cobrar	prestación por desempleo (la)
coordinador de trabajo a distancia (el)	cometido (el)	redes sociales (las)
director de sostenibilidad (el)	conceder vacaciones	salario mínimo interprofesional (el)
	convenio colectivo (el)	sindicato (el)
	días libres (los)	subsidio de desempleo (el)
	días hábiles (los)	trabajar a distancia
	días de corrido (los)	
	edad de jubilación (la)	
	envejecimiento (el)	
	especialidad (la)	
	estrés (el)	
	gestionar	
	invertir	
	jubilación (la)	
	nuevas tecnologías (las)	
	obtener resultados	

ORACIONES ADVERSATIVAS

Presentan una idea opuesta.

Pero se utiliza para contraponer ideas. Es el más utilizado.
*Ejemplo: He votado a este partido porque creí en su programa, **pero** no ha cumplido sus promesas.*
Sino se usa cuando se opone a una idea negativa.
*Ejemplo: No ha mejorado la situación económica, **sino** que se ha estabilizado.*
Sin embargo y **no obstante** se contraponen a la frase anterior de forma parcial y se usan en contextos más formales.
*Ejemplo: El presidente dio las explicaciones. **Sin embargo**, nadie quedó satisfecho.*

ORACIONES CONCESIVAS (I)

Es un obstáculo o impedimento para que una acción pase.

Aunque **+ presente de indicativo**
El impedimento u obstáculo es un hecho o un dato real.
Ejemplo: Aunque no ha bajado el paro este mes, el ministro de Trabajo afirma que las cosas van a mejorar pronto.
Aunque **+ subjuntivo**
Nos referimos a un impedimento u obstáculo futuro, del que no tenemos experiencia todavía.
Ejemplo: Aunque no gane las próximas elecciones generales, seguiré diciendo que es el mejor político de este país.

Hay una **excepción** a la primera regla: si no presentamos el hecho por primera vez y hablamos de dicho dato como algo que es indiferente para nosotros, aunque sea un hecho real, usamos presente de subjuntivo.
Ejemplo: ¿Sabes que se va a presentar otra vez a las elecciones? Me da igual, aunque se presente cien veces, no va a salir elegido.

ORACIONES CONCESIVAS (II)

Cuando el **impedimento ya se ha presentado anteriormente o es conocido** por las personas que hablan, usamos *aunque* **+ presente de subjuntivo**.
Ejemplos: Aunque diga eso, no lo creo.

Cuando expresamos un **impedimento irreal o hipotético**, usamos *aunque* **+ pretérito imperfecto de subjuntivo** con un condicional.
Ejemplo: No iría aunque me invitara.

Para indicar una **gran dificultad o una imposibilidad**, usamos *aunque* **+ imperfecto de subjuntivo** y cuando señalamos una **dificultad de menor grado**, usamos *aunque* **+ presente de subjuntivo**.
Ejemplos: Aunque no se conocieran las leyes, estamos obligados a cumplirlas. (Mayor dificultad)
Aunque no se conozcan las leyes, estamos obligados a cumplirlas. (Menor dificultad)

MOVIMIENTOS JUVENILES	JUVENTUD
conservador	alquilar un piso
consumismo (el)	amigos de la infancia (los)
convicciones (las)	aumentar la familia
defender los intereses	buscar empleo
eslogan (el)	casarse
expectativa (la)	conseguir estabilidad laboral
generación (la)	despedir
huelga (la)	firmar un contrato
ideales (los)	formación (la)
inmadurez (la)	formarse
lema (el)	ligar
líder (el)	ofertas de empleo (las)
materialismo (el)	pagar
movimiento (el)	pagar el agua, la luz, el gas, la comunidad
reivindicaciones (las)	pagar el alquiler, la hipoteca
revuelta (la)	piso de segunda mano
tendencias (las)	tener experiencia
tendencia artística (la)	tener pareja estable
tendencia cultural (la)	ver un piso
tendencia política (la)	vivir con la pareja
tendencia social (la)	
tribu urbana (la)	
sindicato (el)	

POLÍTICA Y SOCIEDAD (1): CUESTIONES GENERALES	POLÍTICA Y SOCIEDAD (2): INSTITUCIONES Y LÍDERES
Constitución (la)	alcalde (el)
deberes (los)	diputado (el)
derechos (los)	Ejército (el)
derecho a la educación (el)	Iglesia (la)
derecho a la sanidad (el)	jefe de Estado (el)
derecho a la vivienda (el)	ministro (el)
derecho al trabajo (el)	Monarquía (la)
derecho a la protección y la seguridad (el)	organización no gubernamental, ONG (la)
educación (la)	partido político (el)
educación pública (la)	presidente del Gobierno (el)
educación privada (la)	rey (el)
educación de calidad (la)	sindicato (el)
impuestos (los)	
salario digno (el)	
sanidad (la)	
sanidad pública (la)	
sanidad gratuita (la)	
sanidad de calidad (la)	

POLÍTICA Y SOCIEDAD (3): FORMAS DE GOBIERNO	POLÍTICA Y SOCIEDAD (4): PREOCUPACIONES DE LOS CIUDADANOS	
anarquía (la)	crisis (la)	guerra (la)
democracia (la)	crisis económica (la)	medio ambiente (el)
dictadura (la)	crisis financiera (la)	paro (el)
monarquía (la)	crisis de valores (la)	terrorismo (el)
república (la)	familia (la)	

Cuaderno de ejercicios

1 Repasa la forma y el uso del pretérito perfecto de subjuntivo

A. Completa con el verbo adecuado del cuadro en pretérito perfecto compuesto de subjuntivo.

| elegir | ser | ganar | volver | participar | leer | basarse | llegar |

1. No creo que todavía .... la película ganadora.
2. Es una sorpresa que Ricardo Darín .... en una película así. No es de su estilo.
3. No está claro que .... buena idea rodar aquí esta escena. Creo que hay que repetirla.
4. No parece que el directorio .... en ese libro para hacer su última película.
5. Espero que .... a tiempo de inscribir su corto en el concurso.
6. Ojalá Candela Peña .... el Premio a Mejor Actriz. Hace un papelón.
7. No entiendo que .... a tratar el mismo tema en su última película. Ya aburre un poco.
8. Es raro que no .... todas las críticas que han publicado sobre la película.

B. Relaciona.

1. Buscamos una actriz que.. d
2. Me parece que ese filme. g
3. El periódico dice que... f
4. Conocemos un actor que.. h
5. No creo que esta película. b
6. Es increíble que este corto... a
7. Esperamos que... c
8. Me alegra mucho que... e

a. ... no haya ganado el Óscar. Es buenísimo.
b. ... haya tenido mucho éxito en Argentina.
c. ... no haya visto esa *peli*.
d. ... haya trabajado con Almodóvar.
e. ... haya conseguido dinero para hacer el cortometraje.
f. ... ya han dado permiso para el rodaje.
g. ... ha tenido mucho éxito en México.
h. ... ha trabajado con Almodóvar.

C. Subraya la forma adecuada e indica cuándo son posibles las dos.

1. Ojalá **encuentren/hayan encontrado** la película que le quieren regalar en la tienda que les recomendé.
2. No creo que **termine/haya terminado** de descargarse la película todavía.
3. En el momento que **vayas/hayas ido** a comprar las entradas, avísame y te acompaño.
4. El director ha pedido que **repitamos/hayamos repetido** esta escena porque no ha salido bien.
5. Han elegido este lugar para que **rodemos/hayamos rodado** esta escena. Me parece todo un acierto.
6. La actriz ha rechazado la primera oferta, de ahí que **tengan/hayan tenido** que reunirse de nuevo para negociar.
7. Buscan un guionista que **trabaje/haya trabajado** antes en producciones latinoamericanas.
8. Es más que probable que ya **estrenen/hayan estrenado** la *peli* en España.

D. Completa utilizando el perfecto de subjuntivo.

1. Es imprescindible que ....
2. Ojalá ....
3. Necesitamos un director que ....
4. Haremos la segunda parte cuando ....
5. A los actores les ha molestado que el guionista ....
6. No creo que ....
7. No está de acuerdo con las condiciones, de ahí que ....
8. No es que ...., sino que ....

2 Practica la alternancia modal

Pon el verbo en la forma adecuada de infinitivo, indicativo o subjuntivo.

1. A Penélope Cruz le molesta mucho que los *paparazzis* (perseguirla) la *persigan* constantemente.
2. Javier Bardem ha declarado que (encontrarse) *se encuentra* en su mejor momento personal y profesional.
3. Se ha confirmado que no (ser) *es* cierto que Alejandro Amenábar (estar) *esté* pensando en hacer la segunda parte de *Los otros*.
4. Almodóvar necesita urgentemente un guionista que (colaborar) *colabore* con él a fin de (recuperar) *recupera* la frescura y la intensidad de sus grandes películas.
5. Es probable que aún no (acabar) *haya acabado* de filmar los exteriores de la película.
6. Alberto Iglesias, el galardonado compositor español, no ultimará los detalles de la banda sonora hasta que el equipo no (concluir) *concluya / haya concluido* el montaje de la película.
7. Uno de los requisitos para poder presentarse al *casting* de la nueva producción de Alfredo Aristaráin es que los actores (trabajar) *hayan trabajado* con anterioridad en alguna serie de televisión.
8. La película fue un éxito, de ahí que (decidir) *decidí / hayan decidido* hacer la segunda parte.

3 Practica el vocabulario del cine

A. Completa con las palabras del cuadro.

	salas de cine	películas	estreno	cartelera
entradas	taquilla	espectadores	cinematográfico	productores

Te espero en la .... a las siete para comprar las ...., ¿vale?

Sí, muy bien. Yo voy a mirar la .... en Internet a ver si hay algún .... interesante esta semana.

Ha aumentado el número de .... en las .... españolas para ver producciones nacionales.

El sector .... está en crisis y los directores y .... buscan financiación privada para hacer sus ....

B. Pon la palabra que falta en el centro del esquema. Luego elige una colocación por cada círculo y escribe una frase.

Círculo 1: sala de... / estreno de... / ...mudo / ...de terror / ...independiente

Círculo 2: rodar una... / estrenar una... / ...en versión original / descargar una... (download) / dirigir una... / ...doblada

Círculo 3: venta de... / ...con descuento / ...para cine y teatro / ...para conciertos / ...gratis

1. Cine
2. película
3. entradas (tickets)

C. Relaciona las imágenes con el género cinematográfico.

1. del oeste	2. de miedo o terror	3. de ciencia ficción	4. romántica o de amor	5. drama
6. de suspense	7. policiaca	8. comedia	9. musical	10. histórica

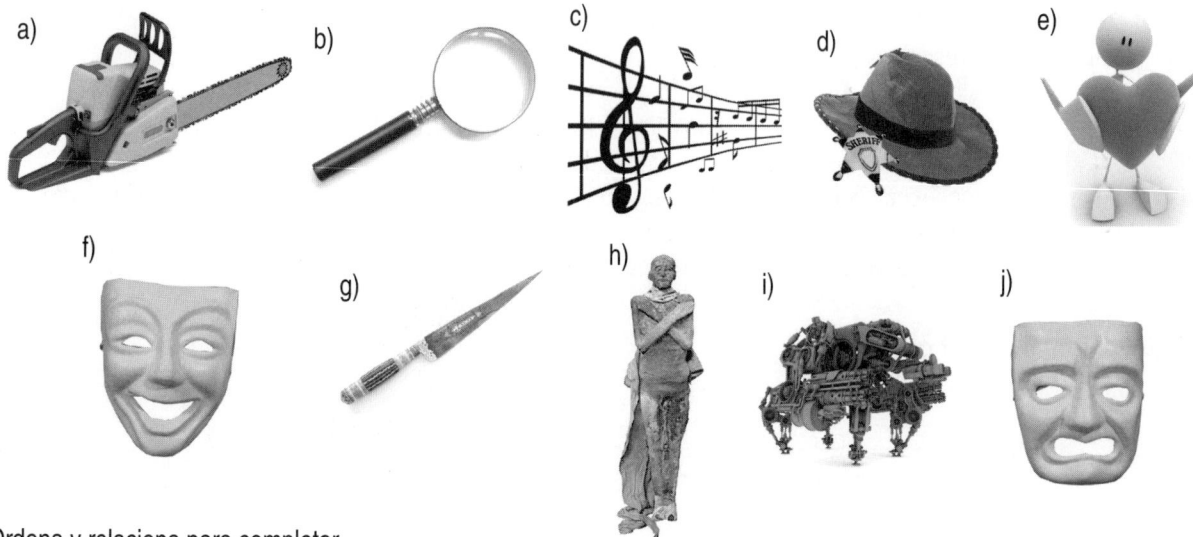

a)

b)

c)

d)

e)

f)

g)

h)

i)

j)

D. Ordena y relaciona para completar.

1. A A R T E E C L R
2. N E O T E S R
3. O I U S N G A T I
4. N O L I F I C E S
5. M O R C E J A R E O T T
6. S O N E V R I   L I R O N I G A
7. O T A C R   C N U O S D E R I A
8. D N A A B   N O A O S R

a. El .... ganador se llama *7:35 de la mañana*, dura 8 minutos y está dirigido por Nacho Vigalondo.

b. Los franceses son los europeos más ...., seguidos de los italianos y los españoles.

c. Prefiero ver las películas en .... porque los doblajes no son buenos.

d. La fecha de .... de la nueva película de Fernando León es el 19 de mayo.

e. Además del protagonista, Javier Cámara, Darío Grandinetti hizo un gran trabajo, que le llevó a estar nominado al premio al mejor ....

f. Arturo Ripstein es el director y el .... de casi todas sus películas.

g. Esta semana hay cuatro comedias españolas en la ....

h. En la .... de *Frida*, Chavela Vargas intrepreta *La llorona*, una canción tradicional mexicana preciosa.

E. Escribe una pregunta.

1. ¿...? Fila 12, asientos 5, 7 y 9.
2. ¿...? Es una comedia sobre unos chicos que están de vacaciones en Barcelona.
3. ¿...? ¡No, no! No es de miedo. Es de suspense.
4. ¿...? Vale, la sesión de las 19:00 me viene muy bien.
5. ¿...? Sí, en esta también actúa Penélope Cruz.
6. ¿...? Me parece que es una producción hispano-argentina.
7. ¿...? En el cine Albéniz, junto al teatro romano. ¿Sabes dónde es?
8. ¿...? Con Carlos y Ángel, que también quieren verla.

4 | Un paso más

A. Relaciona cada palabra o expresión con el verbo.

... por señas	... la mano	... igual	... con alguien para hacer algo	es...	es un...
... idiomas	... la razón	... un cuento	... a conocer	dar que...	... hasta diez
... que pensar	... clase	ni...	... la verdad	... en público	... tonterías

hablar	contar	decir	dar
1.	1.	1.	1. ....
2.	2.	2.	2. ....
3.	3.	3.	3. ....
4.		4.	4. ....
5.			5. ....
			6. ....

B. Ahora, sustituye las expresiones marcadas por las anteriores.

1. Me encanta **comunicarme en lenguas extranjeras**.
2. Los niños **nunca mienten**.
3. Antonio Banderas **saludó** a todos sus fans.
4. **A mí no me importa**, vamos donde tú quieras.
5. **Narraron una historia para niños** en la Feria del Libro.
6. **En absoluto**, yo ese libro jamás lo leeré.
7. La actriz es muda y **se comunicaba mediante el lenguaje de signos** con el director y los compañeros.
8. El director vasco vuelve a sus temas de siempre, **o sea**, el amor, la muerte y la casualidad.
9. En ese momento, el niño empezaba a **numerar del 1 al 10** y desaparecía entre una niebla espeluznante... yo me salí de la sala muerta de miedo.
10. A este director no le gusta **dar conferencias o discursos**.
11. Los actores no dejaron de **bromear** durante toda la rueda de prensa.
12. Es una película que **hace reflexionar**.
13. Con esta película se **hizo popular** la actriz.
14. Para hacer la película, los actores **han recibido lecciones** de esgrima y equitación.
15. El productor dijo que era **una forma de hablar**, que el público no se lo podía tomar al pie de la letra.
16. La polémica llegó con su nueva película, que **ocupó la atención pública** durante varios días.
17. Tras las negociaciones, **expresó su acuerdo** al productor.
18. Si necesitan algo, pueden **tenernos en cuenta**.

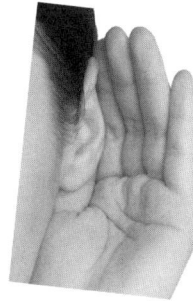

Comprende un texto

Elige la opción adecuada.

1.	a) escrito	b) transcrito	c) breve
2.	a) filme	b) película	c) historia
3.	a) sinopsis	b) episodio	c) argumento
4.	a) montarle	b) montarse	c) montarlo
5.	a) conozca	b) sepa	c) se especialice
6.	a) económicamente	b) económico	c) tiempo
7.	a) pueda	b) se pueda	c) se puede
8.	a) donde	b) como	c) en el que
9.	a) a	b) en	c) para
10.	a) escenario	b) escena	c) acción

El guion cinematográfico

El guion es el relato ....(1).......... de lo que va a suceder en la ....(2).......... . Es algo muy sencillo y con un cierto parecido a una novela. Se desarrolla completamente un ....(3).......... teniendo en cuenta que todo hay que filmarlo, grabarlo y ....(4).......... . El guion son los diálogos, las escenas, las secuencias, y una descripción minuciosa y pormenorizada de lo que los actores hacen en escena. Es muy importante que un escritor de guiones ....(5).......... de cine, de montaje, de los entresijos del rodaje, de la dificultad de realizar determinados efectos y que tenga idea de lo que cuesta ....(6).......... realizar una película. En definitiva, que sepa lo que se puede y lo que no ....(7).......... hacer en el cine.

Un guion se divide en secuencias, que son como los actos de una obra de teatro. Cada secuencia lleva un encabezamiento que indica el lugar y el momento ....(8).......... se va a desarrollar. La secuencia se subdivide en escenas. Cada escena comprende uno o varios planos, rodados en el mismo ambiente y con los mismos personajes.

La estructura del guion no tiene normas objetivas. Cada director, productor o guionista, las más de las veces en conjunto, decide aquello que es necesario que conste en el guion.

Un guion puede comenzar así:

«Secuencia 1.ª Entrada del zoológico. Exterior. Día». Eso quiere decir que hay que rodar la primera secuencia en el exterior de un parque de zoológico, durante el día.

A continuación, se describe la acción de la secuencia. Cuando hablan los personajes que intervienen ....(9).......... la acción, se destacan de manera clara sus diálogos.

Cada vez que cambia el lugar donde se vaya a rodar la escena, o el tiempo -día o noche-, se pasa a otra ....(10).......... .

El guion de una película comercial, de hora y media de duración, se compone de cincuenta a setenta secuencias.

Adaptado de *uhu.es*

1 *Practica la forma y el uso del pretérito imperfecto de subjuntivo*

A. Completa la tabla.

Infinitivo	Pretérito perfecto simple (ellos)	Pretérito imperfecto de subjuntivo (yo)	Pretérito imperfecto de subjuntivo (nosotros)
1. Perder	perdieron	perdiera	perdiéramos
2. Ganar			
3. Jugar			
4. Empatar			
5. Hacer			
6. Ir/ser			
7. Ver			
8. Haber			
9. Dar			
10. Estar			

B. Pon el verbo en la forma correcta del pretérito imperfecto de subjuntivo.

1. Nadie pensaba que nuestro equipo (perder) ...perdiera........... la final de la Copa del Rey de baloncesto.
2. Si Nadal (ganar) ...ganara............ el próximo Roland Garros, sería el jugador con más títulos sobre tierra de la historia.
3. No creo que Maradona (ser) ...fuera.............. mejor jugador que Messi.
4. Puede que el boxeo (llenar) ...llenara........... estadios hace 30 años, pero ahora no.
5. Nadie pensaba que Cuba, con mucha menos población, (poder) ...pudiera............. obtener más medallas que España.
6. Quizás los salarios de algunos deportistas (deber) ...debieran........... tener algún límite, me parece increíble lo que ganan.
7. No recuerdo que México (hacer) ...hiciera........... tan buen papel desde las Olimpiadas que organizaron en 1968.

C. Completa libremente.

1. No creíamos que ....
2. Puede que ....
3. Ojalá ....
4. No estaba claro que ....
5. Fue interesante que ....
6. Buscaban un jugador que ....
7. Queríamos que ....
8. Le recomendó que ....

2. Practica el vocabulario del deporte

Completa con las palabras y expresiones del cuadro.

estadio	entrenador	ganar	jugador	árbitro	equipo	perder	empate

1. El .... con mayor aforo de España es el Camp Nou con 98 934 plazas.
2. En la LFP (Liga de Fútbol Profesional) el .... se valora con un punto.
3. El .... con más partidos en la LFP es Luis Aragonés con 757 partidos.
4. El .... que más penaltis ha señalado en un partido de la LFP es José Japón Sevilla con 6.
5. El .... que más Ligas ha ganado en la historia de la LFP es el Real Madrid con 32.
6. En la LFP (Liga de Fútbol Profesional) .... se valora con 3 puntos.
7. En la LFP (Liga de Fútbol Profesional) .... se valora con 0 puntos.
8. El .... con más partidos en la LFP es Andoni Zubizarreta con 622 partidos.

3. Recuerda y amplía el vocabulario de los deportes

A. Pon la palabra que falta en el centro del esquema. Después, completa con las colocaciones.

[1a] Mañana jugamos el .... El resultado de ida fue 0-0, por eso necesitamos un gol para clasificarnos.
[1b] Los chicos están jugando un .... en el jardín y se lo están pasando en grande.
[1c] En la final de la Eurocopa, España hizo un .... y ganó con facilidad.
[1d] El entrenador dijo en la rueda de prensa que este será un .... porque los dos equipos llegan en un buen momento.
[1e] Minuto 62 en el estadio y sigue el ....: 2-2.

[2a] Tras los 90 minutos y la prórroga, se llegó a la .... en la que el Real Madrid consiguió el triunfo por 4-2.
[2b] Iker Casillas, el portero de la selección española, ... en el último minuto y evitó el empate.
[2c] El árbitro lo vio claro y ...., Alonso marcó y puso 2-1 en el marcador.
[2d] Fuimos eliminados por culpa del árbitro, que pitó un ...., ya que la falta fue fuera del área.
[2e] Messi disparó el balón para ...., pero falló.

[3a] El capitán del equipo levantó el .... del Mundo repetidas veces durante la celebración.
[3b] La .... la disputaron España y Holanda y el equipo español consiguió el triunfo con un gol en la prórroga.
[3c] Este torneo puede llamarse Eurocopa, ... o Europeo.
[3d] El equipo .... tras perder en cuartos de final contra Bélgica.
[3e] España .... de fútbol hace unos años.

B. Escucha las siguientes descripciones y señala de qué deporte se habla.

Pista 14

1. ....   2. ....   3. ....   4. ....   5. ....

C. Busca en la sopa de letras los deportes de las imágenes.

E	G	E	T	A	T	A	W	A	E	L	O	V	N	O	L	A	B
C	E	T	R	O	J	I	N	E	T	Q	S	C	H	E	F	B	E
A	D	M	C	E	S	I	O	L	V	O	L	E	I	B	E	L	A
A	T	A	R	F	C	A	N	A	S	T	A	S	P	E	L	L	A
C	O	C	A	H	U	A	N	T	R	I	O	E	N	C	U	R	O
I	R	A	T	A	M	T	A	B	A	N	L	D	L	A	D	O	L
C	N	L	I	M	T	A	S	O	N	O	T	E	E	Y	P	A	L
L	E	I	M	A	S	N	O	I	S	L	E	S	C	E	A	I	B
I	O	B	A	C	N	O	C	O	A	T	U	G	A	A	A	T	E
S	D	E	L	A	E	C	O	A	T	L	A	M	R	U	T	N	P
M	O	R	O	R	A	B	S	A	U	L	A	R	R	O	L	I	O
O	B	T	N	T	R	O	D	M	M	E	R	R	M	A	S	O	R
F	A	U	A	E	D	D	E	S	I	B	T	N	M	O	J	R	M
E	N	N	D	B	A	L	O	N	C	E	S	T	O	M	A	P	R
N	D	U	A	L	D	A	S	S	K	L	S	A	Y	A	R	M	A
D	I	D	N	E	S	C	H	U	O	A	C	I	N	I	P	N	M
A	E	E	D	T	N	C	S	T	A	T	P	A	I	P	I	M	D
L	S	A	A	H	O	O	K	E	L	I	B	O	X	E	O	M	D

4 Un paso más

Relaciona con el deporte y con la imagen.

Campo de...	surf	Tabla de surf d
Tabla de...	boxeo	Combate de boxeo a
Cancha de...	ping-pong	Mesa de ping-pong i
Raqueta de...	fútbol	Cancha de fútbol c — Campo de fútbol
Mesa de...	baloncesto	Estadio de baloncesto b Cancha de baloncesto
Estadio de...	Fórmula 1	Circuito de fórmula 1 f
Tablero de...	tenis	Raqueta de tenis h
Combate de...	atletismo	Campo de atletismo g Estadio de atletismo
Circuito de...	ajedrez	Tablero de ajedrez e

a)

b)
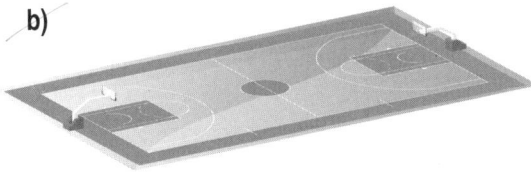

c)
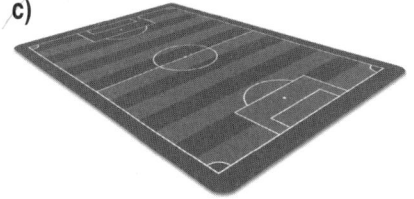

d)

e)

f)
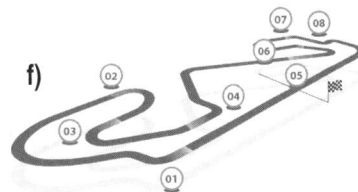

g)

h)
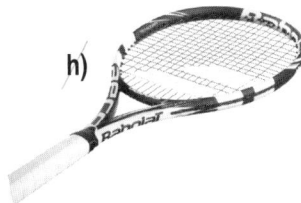

i)
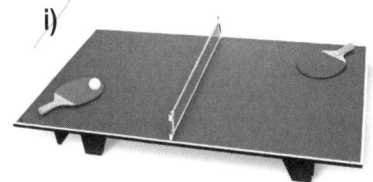

5 | Conoce La Quiniela

A. Lee y di si las afirmaciones son verdaderas o falsas.

Artículo Discusión   Leer Editar Editar código Ver historial   Buscar   🔍

WIKIPEDIA
La enciclopedia libre

Aunque hay debate sobre los inicios, parece que la primera jornada de La Quiniela fue la del día 22 de septiembre del año 1946 con un boleto de 7 partidos. El fútbol en España era ya bastante popular y de hecho ya se apostaba de forma no oficial entre peñas creadas con tal fin. La primera quiniela tuvo cierto éxito desde el principio, jugándose 38 530 boletos en esa primera jornada, con una recaudación de 77 060 pesetas. Cada boleto tenía un coste de 2 pesetas. Los premios en esa jornada fueron de 9 603 pesetas para los dos acertantes de primera categoría, 7 202 pesetas para el único acertante de segunda, 4 801 para el único acertante de tercera y poco más de 59 pesetas para los 58 acertantes de cuarta categoría.

La recaudación se repartía entre premios (45 %), beneficiencia (45 %) y gastos administrativos y de distribución (10 %) que administraba el Patronato de Apuestas Mutuas Deportivo-Benéficas.

El primer formato de apuesta era complicado, ya que los apostantes no solo tenían que pronosticar el ganador, además tenían que pronosticar el número de goles de cada equipo.

En la temporada de 1948 se instauró el sistema 1x2, por el que solo se pronostica si gana el equipo local (1), gana el visitante (2) o el partido queda en empate (X). Salvo leves modificaciones, como en el número de partidos y qué hacer en caso de que el partido no se celebre, las reglas generales de La Quiniela siguen hoy en día en ese formato.

Durante estos más de 60 años de vida, la recaudación total ha superado los 10 500 millones de euros, se han celebrado más de 2 500 jornadas y un total de más de 35 000 partidos jugados.

Adaptado de *wikipedia.es*

1. Con total seguridad la primera jornada de La Quiniela fue el 22 de septiembre de 1946.   F
2. Participar en La Quiniela costaba 2 pesetas en 1946.   V
3. Los beneficios se dividían casi al 50 % entre los acertantes y ayudas a los necesitados.   V
4. En 1948 La Quiniela cambió al 1x2 aunque en la actualidad el sistema es muy diferente.   F
5. La Quiniela tiene más de 60 años y sigue siendo muy popular en la actualidad.   V

NOTA		
77 060 pesetas	=	463,13 €
2 pesetas	=	0,01 €
9 603 pesetas	=	57,71 €
7 202 pesetas	=	43,28 €
4 801 pesetas	=	28,85 €
59 pesetas	=	0,35 €

🔊 Pista 15

B. Ahora, juega a La Quiniela: complétala y, después, escucha y comprueba. ¿Cuántos aciertos has tenido?

SENCILLO-MÚLTIPLE   261

La Quiniela

Loterías del Estado

SENCILLAS: Marque 14 signos por bloque (mínimo 2) en la zona de PRONÓSTICOS.
MÚLTIPLES: Marque los pronósticos sólo en bloque 1 y el número de Dobles y Triples en la zona de COMBINACIONES.

1.ª Liga BBVA / 2.ª Liga Adelante   JORNADA: 1.ª   FECHA:

PRONÓSTICOS | COMBINACIONES

ATHLETIC CLUB-BETIS	1	1 ... 1
LEVANTE-AT. MADRID	2	2 ... 2
ZARAGOZA-VALLADOLID.	3	3 ... 3
MALLORCA-ESPANYOL	4	4 ... 4
BARCELONA-R. SOCIEDAD.	5	5 ... 5
DEPORTIVO-OSASUNA.	6	6 ... 6
R. MADRID-VALENCIA	7	7 ... 7
SEVILLA-GETAFE	8	8 ... 8
RAYO VALLECANO-GRANADA	9	9 ... 9
LUGO-HÉRCULES	10	10 ... TRIPLES
RACING-LAS PALMAS	11	11
MURCIA-CÓRDOBA	12	12
NUMANCIA-SPORTING	13	13
XEREZ-RECREATIVO	14	14 ... DOBLES

BIEN [X]   MAL [X]

PLENO AL 15 CELTA-MÁLAGA .... 1 X 2

BLOQUES → 1 2 3 4 5 6 7 8

90 noventa

6 | *Conoce los verbos para expresar sentimientos*

A. Clasifica los verbos en el esquema.

→ scares me

Me da igual	Me gusta	Prefiero	Me sorprende	Me interesa	Me asusta
Me da vergüenza	Me fastidia	Me entristece	Me encanta	Me da pena	Me apetece
Me duele	Me enfada	Me aburre	Me da miedo	Me llama la atención
Me molesta	Me preocupa	Me entusiasma	Me extraña

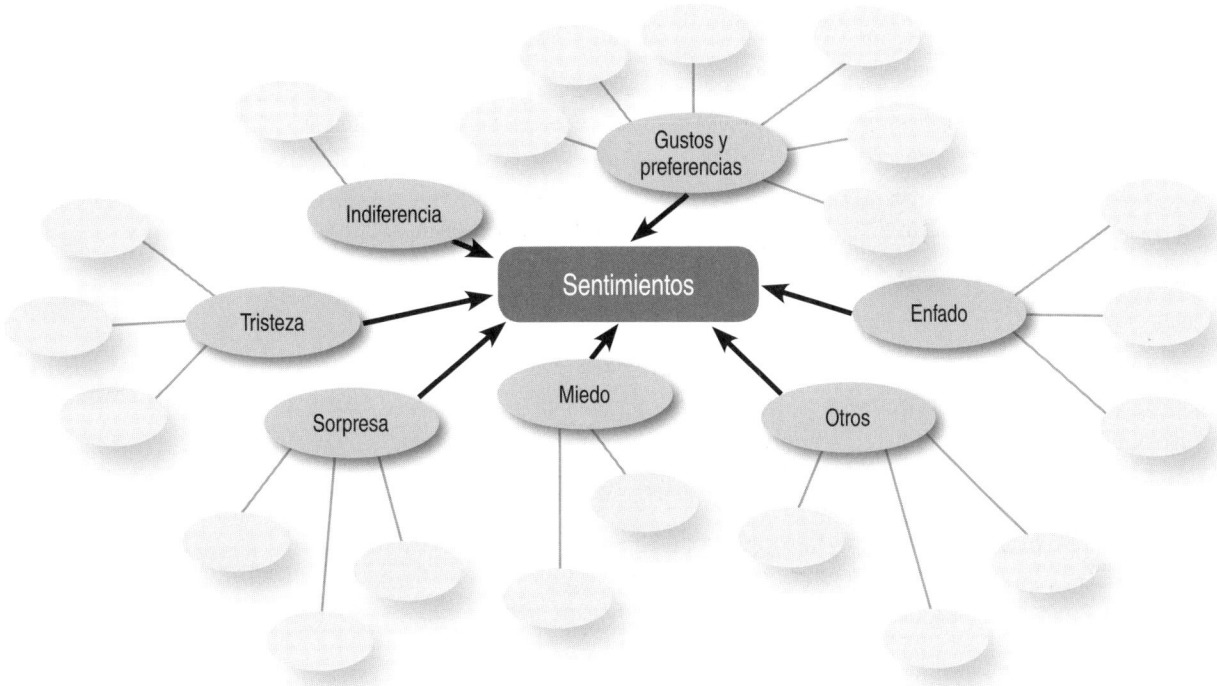

Indiferencia · Gustos y preferencias · Sentimientos · Tristeza · Enfado · Sorpresa · Miedo · Otros

B. Completa con los verbos del esquema anterior según tu opinión.

me fastidia – annoys me   past: past or conditional

1. ....Me fastidia.......... que la gente fume en los lugares públicos.
2. ....Me da igual.......... que conocierais a mi familia. → past
3. ....Me entristece.......... que mi equipo perdiera en el último minuto.
4. ....Me aburren.......... las películas que duran más de 2 horas.
5. ....Me asusta.......... quedarme solo y de noche en una casa grande.
6. ....Me.......... que me toquen el pelo.
7. ....Me gusta.......... el café con hielo.
8. ....Prefiero.......... tomar el sol en la playa.

C. Completa con infinitivo, presente o pretérito imperfecto de subjuntivo. Escribe *que* cuando sea necesario.

1. Me encanta (venir) ....venir....... de viaje con nosotros, va a ser fantástico.
2. Me da igual (beber) .... agua con o sin gas, elige tú.
3. Me apetece (comer) .... en un buen restaurante, hace mucho que no lo hacemos.
4. Me da pena (perder) .... tu equipo, mereció ganar.
5. Me duele (ver) .... que hay gente que no puede permitirse comer 3 veces al día.
6. Me fastidia la gente (hablar) .... todo el tiempo y no deja hablar a los demás.
7. Me asusta (nadar) .... en el mar si estoy lejos de la costa.
8. Me avergüenza (leer) .... que todavía hay países donde no se respetan los derechos humanos.

I am ashamed

1 Repasa el estilo indirecto

A. Transforma las siguientes frases sobre las supersticiones en el mundo hispano.

1. **Diego:** «La acción de cruzar los dedos es para atraer la buena suerte».
   Diego dijo que …*la acción de cruzar los dedos era para atraer la buena suerte*

2. **Ángel:** «En los países hispanos solemos tocar madera para que la mala suerte no se acerque».
   Ángel dijo que …*En los países hispanos solíamos tocar madera para que la mala suerte no se acercara*

3. **Juana:** «No creo en las supersticiones, el otro día evitamos pasar debajo de una escalera que había en la calle y, al rato, tuvimos un accidente de coche».
   Juana dijo que …*no creía en las supersticiones, el otro día evitábamos pasar debajo de una escalera que había habido en la calle y al rato habíamos tenido un accidente de coche*

4. **Samuel:** «El número 13 es considerado de mala suerte porque era el número de apóstoles de la última cena».
   Samuel dijo que …*El n.º 13 era considerado de mala suerte pq había sido el número de apóstoles de —*

5. **Ana:** «No te levantes con el pie izquierdo porque te traerá por delante un mal día».
   Ana dijo que …*no me levantara con el pie izquierdo pq me traería por delante un mal día*

6. **Román:** «En Colombia creemos que la rotura del espejo atrae la muerte, pues la imagen se parte en pedazos».
   Román dijo que …*En Colombia creían que la r. del espejo atraía la muerte la imagen se partía en pedazos*

7. **Marta:** «Si se te quiebra un espejo, tendrás como mínimo 7 años de mala suerte».
   Marta dijo que …*si se me quebraba un espejo, tendría como mínimo 7 años de mala suerte*

8. **Rosa:** «Mi abuela me contó que el amarillo es considerado de mala suerte porque el azufre, que se supone hay en el infierno, es de color amarillo».
   Rosa dijo que …*su abuela te había contado qu* *era*

B. Transforma.

FA dijo que cuando tuviera 50 años.
Servían *había*

«Cuando tenga 50 años, miraré los trofeos que he conseguido, pero hoy no me sirven de nada».
Fernando Alonso

Al dijo que no jugaba
jugaba

«No juego para ganar balones de oro, juego para ser feliz».
Andrés Iniesta

El dijo que hicieramos
Soñaran

«Hagan su vida con base en unos sueños. Sueñen con todo lo que quieran, *quisieran* pero no despedacen su vida *despedazáramos* haciendo realidad los sueños».
Elkin Patarroyo

«Aprender a leer es lo más importante que me ha pasado en la vida».
Mario Vargas Llosa

«En una revolución se triunfa o se muere, si es verdadera».
Ernesto «Che» Guevara

«Las ideas no duran mucho. Hay que hacer algo con ellas».
Santiago Ramón y Cajal

«Nací en una mala época para España, pero realmente buena para el cine».
Pedro Almodóvar

«Con mis canciones puedo expresar todo lo que me incomoda o todo lo que me gusta».
Shakira

C. Transforma oralmente en estilo indirecto.

> Nizar recomendó que nos descalzáramos antes de entrar en una mezquita.

1. Nizar: «Si vas a un país musulmán, descálzate antes de entrar en una mezquita».
2. Lolo: «En los países hispanohablantes, debes dar dos besos si te presentan a una chica».
3. Hans: «En Alemania, cuando celebras un cumpleaños, no abras tus regalos hasta el final de la fiesta».
4. Kasia «En Polonia, si quieres ser educado, cede el paso a la chica si vas a entrar en algún lugar».
5. Hikari: «Si visitas Japón, no toques a tu interlocutor cuando hables».
6. Memet «En Turquía, si alguien te invita a algo, debes aceptarlo, lo contrario es descortés».
7. Zhang: «En China, no llames a alguien con el dedo, ya que este gesto está reservado para los animales».
8. Carlos: «En España, si te invitan, se espera que la próxima vez lo hagas tú».

2 Comprende un texto

Lee y responde.

LA FUNDACIÓN GOODPLANET PRESENTA   f Connect   LOGIN   LANGUAGES ⊕

7 mil millones de Otros

| EL PROYECTO | VÍDEOS | EXPOSICIONES | DIFUSIONES | BASTIDORES | NOTICIAS |

En 2003, después de ver La Tierra desde el cielo, Yann Arthus-Bertrand, junto a Sibylle d'Orgeval y Baptiste Rouget-Luchaire, lanzó el proyecto «7 mil millones de Otros». 6000 entrevistas fueron filmadas en 84 países por veinte realizadores que salieron al encuentro de otros. Desde el pescador brasileño al boticario chino, del artista alemán al agricultor afgano, todos respondieron a las mismas preguntas sobre sus miedos, sus sueños, sus pruebas, sus esperanzas: ¿qué aprendió de sus padres?, ¿qué querría transmitir a sus hijos?, ¿qué pruebas tuvo que atravesar?, ¿qué representa el amor para usted?...
Cuarenta preguntas esenciales permiten descubrir tanto lo que nos separa como lo que nos une. Estos retratos de la humanidad de hoy son accesibles en este sitio de Internet. El corazón del proyecto, que es mostrar todo lo que nos une, nos une y nos diferencia, se encuentra en las películas, que incluyen los temas tratados durante estos miles de horas de entrevistas.
Estos testimonios también se presentan durante las exposiciones en Francia y en todo el mundo (Bélgica, Brasil, España, Italia, Rusia ...), y en otros medios tales como libros, DVD o en la televisión.
Como nos cuenta Yann Arthus-Bertrand, todo comenzó con una avería de helicóptero. «Un día, en Malí, esperando al piloto, conversé con un aldeano durante todo un día. Me habló de su vida cotidiana, de sus esperanzas, de sus miedos: su única ambición era alimentar a sus hijos. Interrumpido mi trabajo para una revista, me sumergía en los problemas más elementales. Me miraba directo a los ojos, sin quejas, sin pedidos, sin resentimiento. Había llegado allí a fotografiar paisajes, fui cautivado por su mirada, por su palabra.
Luego soñaba con poder escuchar sus palabras, sentir lo que nos une. Puesto que vista desde arriba, La Tierra aparece como una superficie enorme para compartir. Pero en cuanto aterrizaba, empezaban los problemas.
Vivimos una época increíble. Todo va a una velocidad enloquecedora. Tengo 65 años y cuando pienso en la manera en que vivían mis padres, es apenas creíble. Hoy tenemos a nuestra disposición herramientas de comunicación extraordinarias: podemos verlo todo, saberlo todo y la cantidad de información que circula nunca ha sido tan grande. Todo esto es muy positivo. Lo irónico es que, al mismo tiempo, seguimos conociendo tan poco a nuestros vecinos.
Somos más de siete mil millones en La Tierra, y no habrá desarrollo sostenible si no conseguimos vivir juntos. Es por eso que "7 mil millones de Otros" es tan importante para mí. Creo en ello porque afecta a cada uno de nosotros, y porque es una incitación para actuar. Espero que cada uno a su vez tendrá ganas de hacer estos encuentros, de escuchar al Otro y darle vida a «7 mil millones de Otros» agregando su testimonio para expresar su deseo de vivir juntos».

Adaptado de *www.7billionothers.org*

1. Según el artículo, Yann Arthus-Bertrand...
   a) es el principal responsable del proyecto «7 mil millones de Otros».
   b) inició el proyecto «7 mil millones de Otros», junto con Sibylle d'Orgeval y Baptiste Rouget-Luchaire.
   c) y 20 periodistas más iniciaron el proyecto «7 mil millones de Otros».

2. Según el texto, las preguntas realizadas...
   a) cambiaban dependiendo del país.
   b) solo las respondieron los brasileños, chinos, afganos y alemanes.
   c) eran las mismas en cada continente.

3. Según el artículo, el proyecto se basa en 40 preguntas...
   a) que buscan encontrar las diferencias entre culturas.
   b) que lo que quieren es encontrar las similitudes entre diferentes sociedades.
   c) cuyo objetivo es señalar lo que nos separa y nos une a todos.

4. Los documentos de «7 mil millones de Otros» pueden ser vistos...

a) únicamente en Internet.

b) además de en la red, están disponibles en otros formatos y en exposiciones en diferentes países.

c) en Internet, en DVD, en libros y en la televisión.

5. Según Yann Arthus-Bertrand, la idea comenzó a raíz de un accidente de helicóptero...

a) tras conversar sobre diversos temas con el piloto.

b) después de hablar durante horas con alguien de un pueblo cercano.

c) después de charlar con un habitante de una localidad cercana sobre temas filosóficos.

6. El objetivo de «7 mil millones de Otros» es...

a) conocer diferentes culturas, porque hoy no contamos con las herramientas necesarias para hacerlo.

b) poner en contacto culturas que no son similares, para ver nuestras diferencias.

c) conocernos mejor entre nosotros, para que la convivencia sea mejor.

3 *Analiza las causas de los malentendidos culturales*

Completa los diálogos con las palabras del cuadro y relaciona cada uno con la causa que provoca el malentendido cultural.

apetito	estar a punto de	corte	¿No lo sabes?	laboral	¡qué curioso!
	¿Y te parece poco?		¿Sabes qué?	¡es increíble!	

1. ● No te entiendo, ¿qué significa eso?

○ .... En Italia girar el dedo contra tu mejilla significa «tener ....».

● Ah, ja, ja. No lo sabía, pues vamos a comer algo.

2. ● ¿Pero no habíamos quedado a las 3, Xabi? Ya .... irme.

○ ¡Si son solo las 3:10, Ana!

● ....

○ Bueno, en España es normal llegar un poco tarde, siempre que no se trate de trabajo, claro.

3. ● .... El otro día soñé que estaba desnudo en el trabajo. ¡Qué pena!

○ ¿Pena? A mí me daría vergüenza más que pena.

● Ja, ja, ja. Ah, es verdad, es que los españoles usáis para eso la palabra «vergüenza» o «............... », pero en Venezuela decimos «pena».

○ Ah, ahora sí tiene sentido.

4. ● ¿Qué vas a hacer mañana, Klaus?

○ Pues trabajar, ¿por qué?

● Pero si mañana es fiesta.

○ ¿En serio?, aquí siempre es fiesta, ...

● ¿Siempre? ¡Qué va! Mañana no es día .... porque es 12 de octubre, el Día de la Hispanidad.

5. ● ¿Qué tal, Boris?, pero... ¿por qué no me das la mano?

○ Pues porque estamos en el marco de la puerta y eso significa que, si te doy la mano, nos pelearemos, al menos en Rusia.

● Ah, ..., no lo sabía.

el idioma

el concepto de tiempo

superstición

los gestos

los prejuicios

4 **Practica las expresiones**

Completa con las expresiones del cuadro.

| estar fuera de lugar | tiene mucho mérito | situación embarazosa | romper el hielo | indiferencia |

1. En algunos países darse dos besos cuando te presentan a alguien puede crear una ....
2. Para .... en los países anglosajones está bien visto incluir alguna nota de humor en las reuniones de trabajo.
3. En los países occidentales la falta de gesticulación indica ....
4. En los países asiáticos la risa en una reunión de trabajo puede ...., ya que se interpreta como falta de interés.
5. A la hora de negociar en los países de Oriente Medio se considera que .... no fijar plazos a la hora de negociar, al contrario que en la mayoría de los países.

5 **Conoce algunas curiosidades de los pasaportes y pon en práctica tus conocimientos**

Completa con la opción adecuada.

Diario del viajero
Descubriendo el mundo

Busca en Diario del Viajero con   Buscar »

🏠   ¿? Respuestas   🏷 Europa   Cajón de sastre   Asia   Consejos   América   Más »

CURIOSIDADES DE LOS PASAPORTES

El pasaporte es, para los viajeros, ...(1).............. de libertad, de aventura, de nuevas experiencias, de salir, de volar, de viajar, de nuevos aires. ....(2).............. el pasaporte esconde, además, una serie de curiosidades. Aquellos datos que ....(3).............. conocen sobre esa «libreta» que suma millas y sellos. Ese compañero de aventuras que nos permite ....(4).............. en muchos sitios y salir de nuestra propia tierra.

- Las tasas de pasaporte más caras las tiene Turquía (215 libras), mientras que las más baratas las ....(5).............. en Suiza (2,50 libras).

- El pasaporte danés habilita a ....(6).............. lo poseen a viajar a 169 países sin necesidad de contar con una visa.

- El Vaticano no tiene controles migratorios, pero ello no significa que no ....(7).............. pasaportes. Claro, dado que uno de los honores del Papa es el contar con el pasaporte número 1.

- En el Reino Unido, la reina no necesita tener pasaporte. Esto es así dado que los pasaportes británicos se emiten en el nombre de Su Majestad. En consecuencia, es innecesario para ella ....(8).............. con uno.

- El nuevo pasaporte de Nicaragua cuenta con 89 ....(9).............. de seguridad. Entre ellas figuran un código de ....(10).............. bidimensional, hologramas y marcas de agua convirtiéndolo en uno de los documentos más difíciles de falsificar del mundo.

Adaptado de *diariodelviajero.com*

1.	a) ejemplo	b) sinónimo	c) puerta
2.	a) Pero	b) También	c) En conclusión
3.	a) alguien	b) pocos	c) todos
4.	a) acceder	b) introducir	c) entrar
5.	a) cobran	b) pagan	c) invierten
6.	a) cuales	b) cuyos	c) quienes
7.	a) tenga	b) tuviera	c) tenía
8.	a) cuente	b) contando	c) contar
9.	a) sistema	b) medidas	c) medios
10.	a) barras	b) líneas	c) rayas

6 | *Repasa la involuntariedad*

A. Completa las siguientes frases.

1. El otro día (perdérsele) .... las llaves y no pude entrar en casa hasta que llegó mi mujer.
2. A Malena y Roberto (quemársele) .... la casa, menos mal que tienen un seguro de hogar.
3. ¡Qué rabia! (Rompérsele) .... el ordenador y ahora estoy sin Internet.
4. A Ana (caérsele) .... la cartera por el hueco del ascensor. Ahora tendrá que renovar todos sus documentos.
5. Espero que no (olvidársele) .... que el primer domingo de mayo es el Día de la Madre.
6. ¿Sabes lo que (ocurrírsele) ....? Organizar una barbacoa para celebrar el fin de curso.
7. No voy a poder irme de vacaciones, (infectársele) .... la herida y tengo que seguir un mes más el tratamiento.
8. Esta mañana jugando al fútbol (torcérsele) .... el tobillo y me han tenido que vendar.

B. Describe las siguientes imágenes usando alguno de los verbos del recuadro.

caérsele	ocurrírsele	quemársele	rompérsele
estropeársele	secársele	olvidársele	perdérsele

1. ....

2. ....

3. ....

4. ....

5. ....

6. ....

7. ....

8. ....

7 | *Comprende una conversación sobre los falsos amigos entre idiomas*

Escucha y señala quién dice cada afirmación o si no la dice ninguno de los dos interlocutores.

Pista 16

	Laura	Pablo	Ninguno de los dos
1. Los falsos amigos son algo raro entre las lenguas.			
2. Son palabras muy similares, pero que no significan lo mismo.			
3. Se parecen mucho porque tienen el mismo origen.			
4. La investigación no fue muy larga.			
5. El falso amigo *actual* no es muy común, pero existe.			
6. *Argument* es un falso amigo porque en español es 'argumento' y en inglés significa 'pelea'.			
7. Recomienda que los estudiantes se aprendan los falsos amigos de memoria.			
8. *Sensible* en español significa 'delicado'.			

1 Utiliza el vocabulario de los alimentos

Encuentra los ocho nombres de alimentos y, después, completa las frases.

ROSAMANGOTAESPAGUETISOTABERENJENALLAVEQUESOAZULETAS
CARALANGOSTINOSOCEREZASDOLAHAMBURGUESASELALALMENDRADOS

1. Estuvimos en un restaurante italiano. Todos comieron *pizza*, pero yo pedí unos .... carbonara que estaban buenísimos.
2. En la marisquería, pedimos almejas con salsa verde y unos .... a la plancha riquísimos, pero un poco caros.
3. Me encantan todos los tipos, pero mi favorito es el ...., como el roquefort francés o el cabrales del norte de España.
4. Las .... de Extremadura son muy famosas. Tienen un color rojo intenso y están muy dulces. Además, se puede visitar el valle del Jerte en primavera, con los cerezos en flor... es algo precioso.
5. A mis hijos les encantan las .... con queso y *ketchup*.
6. La cocina mediterránea usa mucho la ....: los griegos la usan en la musaca, los italianos en la *parmigiana* y en Andalucía, en el sur de España, se comen fritas con miel.
7. Toda la fruta tropical me encanta, pero, particularmente, el .... es mi debilidad.
8. Los frutos secos, como la .... o la nuez, son muy buenos para reducir el colesterol.

2 Practica los relativos

A. Completa con el relativo adecuado del cuadro y relaciona con la imagen correspondiente.

cuya	el que	quienes/los que	las que	en el que	lo que	quien/la que	cuyo

garbanzos

alitas de pollo

guacamole

restaurante vegetariano

hamburguesa

berenjenas

espaguetis

bar

1. Es un plato mexicano .... principal ingrediente es el aguacate.
2. .... se puede cocinar con esto es, por ejemplo, *hummus* en la cocina árabe o cocido en la cocina española.
3. Para .... no coma carne, aquí tienen hamburguesas de tofu.
4. Son las partes del pollo con .... se preparan las mejores barbacoas.
5. A .... les gusta esto es a los niños, adolescentes y jóvenes, sobre todo, porque es una comida rápida y barata.
6. En España es el lugar .... nos vemos para charlar o para leer, para ver el fútbol o para descansar en mitad de una tarde de compras, para tomar un aperitivo o para reencontrarnos con un viejo amigo.
7. .... las prepara buenísimas es mi madre: las rellena de carne y las gratina con bechamel y queso.
8. Es uno de los tipos de pasta más famosos .... principal característica es que son muy largos. Se comen con cualquier salsa.

B. Subraya la opción adecuada.

1. **Quienes/Lo que** han estado en ese restaurante hablan maravillas de él. Todos **los que/quienes** van repiten.
2. Aquella ciudad, **cuyo/el que** mercado es del siglo XVI, es uno de los lugares de Perú donde mejor se come.
3. Fuimos el sábado y pedimos **quien/lo que** nos recomendaste. Delicioso, buen consejo.
4. Este es el restaurante **quien/cuyo** dueño tiene un programa de cocina en televisión desde hace veinte años.
5. Es un curso de cocina para **quienes/cuyos** no saben cocinar, así que me voy a apuntar, a ver si aprendo algo y dejo de comer comida precocinada.
6. Y estos son los motivos **por los que/por lo que** hemos escogido este restaurante para celebrar la boda.
7. En realidad, **lo que/quien** cocina bien la paella es la abuela, **quien/cuyo** padre era valenciano.
8. No estoy de acuerdo con **el que/lo que** ha escrito Paco Nadal en su crítica gastronómica. A mí no me gustó nada la comida de aquel mesón.

C. Escribe una definición para cada comida o alimento.

1. Cerezas ....
2. Mango ....
3. Nueces ....
4. Queso azul ....
5. Pimienta ....
6. Mi plato favorito ....
7. Una comida que no me gusta ....
8. Mi bebida preferida ....

D. Subraya la opción adecuada.

1. Lo que me **contó/contara** Jaime del restaurante donde fueron me sorprendió mucho. No me lo esperaba.
2. Mañana voy a cenar a casa de Fernando y Alba. Ya sabes que les gusta innovar en la cocina. A mí siempre me encanta todo lo que **preparan/preparen** y por eso estoy seguro de que me comeré todo lo que **hacen/hagan**.
3. Ayer empecé a ver un concurso de cocina en la tele. Había seis concursantes y el que **cocinó/cocinara** mejor y en menos tiempo un plato con lenguado ganaría 12 000 €, pero me quedé dormido y no sé quién ganó.
4. En la boda, los camareros nos dijeron que quienes **queríamos/quisiéramos** repetir algún plato que se lo dijéramos.
5. Usé los mismos ingredientes con los que mi abuela **hacía/hiciera** el arroz con leche, pero no me salió igual.
6. En España no utilizamos el electrodoméstico con el que **cocinen/cocinan** el arroz en Asia. ¿Lo has visto alguna vez? ¡Es genial!
7. Este es el restaurante cuyo equipo de chefs **ha conseguido/haya conseguido** tantos premios internacionales.
8. Nunca elegiré un restaurante por lo que **puedo/pueda** leer en una guía de viajes. Suelo hacerle mucho más caso a lo que me **recomiendan/recomienden** mis amigos o los blogueros especializados.

E. Completa con el verbo en la forma adecuada.

1. El libro de recetas, cuyo autor (estar) .... firmando libros en la Feria del Libro este año, ha llegado a los 800 000 ejemplares vendidos.
2. Se lo diremos a todos nuestros amigos y que venga quien (poder) .... o a quien le (apetecer) ....
3. ¿Conoces alguno de los restaurantes a los que (pensar) .... ir en San Sebastián? La verdad es que no he ido a ninguno, pero seguro que comeremos bien en todos los que (elegir) ....
4. Le preguntamos al profesor de cocina qué especias eran más adecuadas para este tipo de carne y nos aseguró que quedaría bien con la que le (poner) ....
5. La revista británica, cuya lista anual de los mejores restaurantes del mundo (ser) .... tan reconocida, influye a la hora de marcar tendencia en la gastronomía internacional.
6. El chef Dani García, cuya cocina (basarse) .... en los platos tradicionales del sur de España y cuyas creaciones (fusionar) .... la cocina mediterránea con la japonesa, recibió el premio a Mejor Chef Joven de Europa hace unos años.
7. Me comentó que no nos preocupáramos porque sus hijos comerían lo que (hacer) .... porque les gusta todo.
8. El sábado estuvimos organizando la cena de Nochebuena y decidimos que quienes (cocinar) .... los aperitivos también harían algún postre y los que (preparar) .... los platos principales comprarían las bebidas. ¿Qué te parece?

3 Repasa tus conocimientos y aprende sobre la alta cocina española

A. Completa estos fragmentos con la opción adecuada.

a	Que el mejor restaurante del mundo ....(1).......... español no sorprende a nadie ya. ....(2).......... más de 10 años nuestros cocineros se sitúan entre los grandes de los fogones, codeándose con las eminencias del sector, acumulando estrellas Michelin, soles Repsol y apareciendo en lo más alto de todos los *rankings*. Pero hemos tenido que esperar hasta principios de 2013 para que el mundo entero ....(3).......... de nuevo que en España es donde mejor se come, después de que el mítico restaurante de Ferrán Adrià, El Bulli, cerrado desde julio de 2011, ...(4).......... este honor en cinco ocasiones.
b	Empecemos por Gerona, en una pequeña masía tradicional catalana, tres hermanos han construido el que a día de hoy ....(5).......... el mejor restaurante del mundo: El Celler de Can Roca. Especializados en cocina tradicional catalana, sin olvidar la vertiente más vanguardista de la gastronomía, las responsabilidades en El Celler están divididas entre los tres miembros de la familia Roca: Joan dirige la cocina, Jordi coordina la repostería y Josep, el sumiller, ... (6).......... del vino y del comedor.
c	Como él, Juan Mari Arzak abandera junto a su hija Elena el octavo mejor restaurante del mundo. Desde lo alto de Miracruz y pionero en la introducción de la innovación en la cocina española, El Arzak acumula tres estrellas Michelin en un caserío vasco tradicional que hace las delicias de quien lo ....(7).......... .

1.	a) es	b) sea	c) esté
2.	a) Hace	b) Desde hace	c) Desde
3.	a) reconociera	b) reconoció	c) reconocía
4.	a) recibió	b) recibía	c) recibiera
5.	a) está	b) es	c) sea
6.	a) encarga	b) se encarga	c) gestiona
7.	a) visitara	b) visite	c) visita

B. Sustituye las expresiones señaladas por un sinónimo.

1.	Integrado en la naturaleza de la vasca Rentería, el Mugaritz de Aduriz ha sido nombrado el cuarto mejor restaurante del mundo. Este es un **ejemplo** de que el trabajo y la creatividad aplicadas a la investigación culinaria conducen al éxito.
2.	Estamos seguros de que el hecho de que tres de los diez mejores restaurantes del mundo sean españoles contribuirá a poner **el foco de interés** internacional en la gastronomía española.
3.	Las comunidades de Cataluña y el País Vasco son capitales gastronómicas mundiales, una con el primer puesto y la otra con dos restaurantes entre los diez primeros, un **empuje** definitivo a la cocina de aquí.
4.	En Euskadi se levantan los otros dos restaurantes galardonados con la cuarta y octava posición en el *ranking*. El Arzak, de Juan Mari Arzak, y el Mugaritz, de Andoni Luis Aduriz, **se han vuelto a colar** entre el *top* 10 de los fogones mundiales.

1.	a) un modelo	b) una muestra	c) una referencia
2.	a) el entusiasmo	b) la atención	c) el éxito
3.	a) ayuda	b) inversión	c) impulso
4.	a) están de nuevo	b) aparecen esta vez	c) desaparecen otra vez

C. Señala a qué restaurante o restaurantes corresponde cada afirmación.

	Arzak	El Celler de Can Roca	El Bulli	Mugaritz
1. Está en Cataluña.				
2. Está entre los 10 mejores restaurantes del mundo.				
3. Es un restaurante donde trabajan varios miembros de la misma familia.				
4. Recibió el título de mejor restaurante del mundo en cinco ocasiones.				
5. Fue uno de los primeros innovadores en la cocina.				
6. Se basa en la comida tradicional de su región.				

4 *Practica el uso de los adjetivos antepuestos y pospuestos*

A. Señala el significado de la expresión subrayada.

1. Es un gran producto, muy valorado en la cocina gallega.
   a) producto de calidad
   b) producto enorme
2. En cierto momento se puso de moda cocinar como los grandes chefs, todos querían innovar.
   a) en un momento determinado
   b) en un tiempo verdadero
3. Es un restaurante grande con capacidad para 300 comensales y un menú muy sofisticado.
   a) restaurante enorme
   b) restaurante de calidad
4. Es un viejo restaurante de cocina mediterránea que nos encanta.
   a) restaurante tradicional
   b) restaurante antiguo
5. La cocina del sur de España es muy rica.
   a) cara
   b) variada
6. Me regalaron un libro con recetas de alta cocina.
   a) cara
   b) sofisticada, de gran calidad

B. Subraya la posición del adjetivo que corresponde a cada frase.

1. La noticia de que hay tres restaurantes españoles entre los diez mejores del mundo es una [cierta] información [cierta]. = La noticia de que hay tres restaurantes españoles entre los diez mejores del mundo es verdadera.
2. Mi madre cocina con unos [viejos] utensilios [viejos]. = Mi madre cocina con utensilios muy antiguos y estropeados.
3. No es un [gran] restaurante [grande], pero se come bien y barato. = No es un restaurante muy prestigioso, pero se come bien y barato.
4. Me encantaría ir a ese restaurante, pero allí solo van las [ricas] personas [ricas] que se pueden permitir gastar 200 euros en una cena. = Me encantaría ir a ese restaurante, pero allí solo van personas que tienen mucho dinero y se pueden permitir gastar 200 euros en una cena.
5. Mi abuela no es una chef de [alta] cocina [alta], sino una [alta] señora [alta] que cocina muy bien. = Mi abuela no es una chef de alta cocina, sino una señora alta que cocina muy bien.
6. Además de ser una [gran] cocinera [grande], es una [buena] persona [buena], que es lo más importante. = Además de ser una cocinera excelente es una persona bondadosa, que es lo más importante.

C. Completa cada frase con una de las opciones de la tabla.

| gran o grande | buen o bueno/a | mal o malo/a | primer o primero/a | tercer o tercero/a |

1. ¡Está deliciosa, chica! Has preparado una paella muy ....
2. El Celler de Can Roca está en el .... puesto de los mejores restaurantes del mundo. El segundo es un restaurante de Copenhague y en .... lugar es para uno italiano.
3. Además de preparar los mejores pinchos que he probado en mi vida, Iker es un .... amigo.
4. Dicen que tomar vino blanco para acompañar la carne es una opción muy ...., aunque a mí no me importa mucho.

5 Un paso más

A. La comida es tan importante para las personas y expresa tan bien las ideas y creencias de las culturas que hay una gran cantidad de expresiones relacionadas con los alimentos. Elige el alimento adecuado y completa. Después, relaciona cada una con su significado.

sardinas   fideo   naranja   tomate   sopa   nueces   pera   pan

1. Este chico no come nada: está como un .... Estoy muy preocupada. Me gustaría que fuera al médico para ver cómo puede engordar un poco.
2. Esta película es del año de la .... La he visto cinco o seis veces. Es muy buena, pero muy antigua.
3. Fue muy gracioso que Álvaro se pusiera como un .... cuando vio a Rebeca. Como es tan tímido...
4. Cuando volvían de la excursión, empezó a llover y llegaron como una ....
5. Sí, yo sé preparar este plato... es .... comido. Solo hay que cortar los ingredientes, freírlos un poco y echarle la salsa.
6. Desde el día en el que la conocí, supe que ella sería mi media .... y ya llevamos juntos catorce años.
7. No me gusta el metro... por la mañana, a la hora de ir al trabajo, vamos todos como .... en lata.
8. Ya empiezan los rumores y, al final, como todos los años, nada de nada: mucho ruido y pocas ....

a. No hay espacio, no estamos cómodos	b. Empapados, muy mojados, chorreando	c. Muy delgado	d. Demasiadas expectativas y pocos resultados
e. Muy fácil, muy sencillo	f. Sentir mucha vergüenza	g. Muy antiguo, muy viejo	h. El amor de mi vida

B. Ahora reacciona a las siguientes situaciones con alguna de ellas.

Natalia y ese chico que conoció hace unos meses en el bar de Hugo son tal para cual, puede ser el amor de su vida.

¿Qué tal la prueba que te hicieron para trabajar en la cocina de ese hotel que me contaste? ¿Fue difícil?

He escuchado que este año, de verdad, nos van a invitar a un restaurante buenísimo en Navidad. ¿Tú has escuchado algo?

¿Conoces la Taberna del Sol? Está detrás de la plaza Mayor. Imagino que sí... ¿o no?

1 Repasa el léxico relacionado con el mundo laboral

Con ayuda del contexto sustituye las palabras subrayadas por las palabras del recuadro.

bolsa de trabajo	estable	la precariedad laboral	acceso al mundo del trabajo	contrato basura
	oposiciones	tasa de desempleo juvenil	trabajo	inestabilidad laboral

1. Salva se pasa el día en la biblioteca, dentro de un mes tiene unas <u>pruebas</u> para ser profesor de secundaria.
2. Actualmente estoy en paro, aunque espero conseguir uno pronto, ya que estoy bien situado en la <u>lista para conseguir trabajo</u>.
3. En los momentos de crisis aumenta <u>el trabajo mal pagado</u> y no es fácil conseguir un trabajo estable.
4. Debido a la actual <u>situación no estable</u> muchas personas se ven obligadas a cambiar constantemente de trabajo.
5. Uno de los principales problemas de los jóvenes es el <u>primer trabajo</u>, ya que no es fácil entrar en el mercado laboral.
6. Un <u>mal contrato</u> es aquel que no es indefinido y está mal pagado.
7. La <u>gente menor de 30 años que no trabaja</u> ha aumentado en un 10 % en el último año, por eso muchos jóvenes están emigrando al extranjero.
8. El objetivo de la mayoría de los españoles es encontrar un <u>empleo fijo</u> que les permita independizarse.

2 Escucha el siguiente audio sobre ideas antes de montar un negocio

Escucha y completa la tabla.

Pista 17

	Verdadero	Falso
1. Muchas empresas tienen éxito tras 5 años abiertas.		
2. Obtener dinero de la empresa en menos de 6 meses no es posible.		
3. No saber lo que va a pasar en el futuro es algo normal en el mundo de la empresa.		
4. Es muy importante ser constante y no abandonar ante los problemas.		
5. Aprender lo antes posible es muy importante.		

3 Repasa los usos de *lo*

Escucha de nuevo el audio y valóralo completando las frases con los adjetivos del recuadro.

mejor	peor	recomendable	arriesgado	peligroso

1. Lo .... de montar un negocio es ....
2. Lo .... de montar un negocio es ....
3. Lo .... a la hora de montar un negocio es ....
4. Lo .... al montar un negocio ....
5. Lo .... al montar un negocio ....

4 Practica el condicional compuesto

A. Subraya la opción correcta.

1. Si fuera tú, **habría ido/iría** a la entrevista de la semana pasada.
2. La alta inestabilidad laboral actual **se solucionaría/se habría solucionado** si hubiera más incentivos a las empresas.
3. Si Laura tuviera más experiencia laboral, le **sería/habría sido** más fácil conseguir un trabajo estable.
4. No sabía nada, si no **habría preparado/prepararía** las oposiciones a Correos.
5. **Habría entrado/Entraría** en la bolsa de trabajo si tuviera un mejor CV, pero necesito más formación.
6. La precariedad laboral **sería/habría sido** más baja si las empresas tuvieran más facilidades de crédito.
7. Los contratos basura no **serían/habrían sido** tan habituales en la anterior década si se hubieran tomado otras medidas.
8. El tanto por ciento de trabajo estable **aumentaría/habría aumentado** si la UE invirtiera más en potenciarlo.

B. Completa las siguientes frases con condicional simple o condicional compuesto.

1. Para que las empresas no fracasen, ...*trabajarían para ganar más dinero*......
2. De no haber dejado mi trabajo hace tres años, ...*habría ganado más dinero*...
3. Si aumentara más la inestabilidad laboral, ...
4. Si hubieran estudiado una carrera con más salidas .....*hubieran tenido un mejor trabajo*....
5. Si me hubieran seleccionado en la entrevista para ser director de la empresa, ...
6. Para solucionar el problema del paro, los gobiernos ....
7. No tengo pensado montar una empresa, pero ....
8. Si tuviera un trabajo estable y con un buen salario, ...

5 Comprende una entrevista con un especialista en el sector digital

Relaciona las preguntas con sus respuestas. Luego, elige la opción correcta en la página siguiente.

LOS PROFESIONALES DIGITALES. UN NUEVO SECTOR LABORAL

A ¿Cuáles son los profesionales que más están solicitando las empresas?	B ¿Qué competencias y formación se exige a estos nuevos profesionales digitales?
C ¿Y en cuanto a su formación académica?	D ¿Hay algún tipo de profesional que sea más demandado o popular frente a los demás?

1	Deben tener conocimientos en buscadores, publicidad, comercio electrónico, redes sociales y *marketing* digital. Además, es imprescindible el inglés y cierta experiencia.
2	Sí, hay una figura que se abre camino en las empresas españolas desde hace tan solo un par de años: el *community manager*. Su función es servir de nexo de comunicación entre la empresa y los consumidores que acceden a Internet y la gestión eficaz de esa comunicación. Desde 2008 o 2009 las empresas empezaron a mostrar cierto interés por esta figura y ahora ha ido en aumento, de forma contundente. Las empresas se han tomado muy en serio el apartado de la comunicación *on-line* y las redes sociales.
3	Se está pidiendo todo tipo de perfiles, desde becario a *community manager* aunque las áreas de formación más demandadas en el entorno digital son las redes sociales, los buscadores, el *marketing* digital y el entorno de Internet. La mitad de las empresas que demandan este tipo de profesionales son negocios tradicionales que precisamente ahora se orientan a Internet, como agencias de viajes, aseguradoras, etc.
4	El origen de los profesionales es poco importante. Da igual si son ingenieros o de otra rama. Lo importante es que se hayan reciclado. Todos los profesionales pueden y deben reciclarse, porque todas las empresas van a digitalizarse.

Adaptado de *diariosur.es*

1. Según el texto, los perfiles que más solicitan las empresas son...
   a) los de becario o *community manager*.
   b) diversos, no hay uno concreto, pero los sectores más demandados están relacionados con la red.
   c) cualquiera que tenga algún tipo de experiencia en el sector.

2. En la entrevista se dice que en cuanto al porcentaje de las ofertas en el sector la mayoría son de empresas...
   a) como aseguradoras o agencias de viajes.
   b) que están directamente relacionadas con la red.
   c) de sectores que no son nuevos.

3. En el texto se afirma que, en cuanto a sus competencias, estos nuevos profesionales no pueden acceder a este sector si no...
   a) son buenos en el manejo de las herramientas de la red.
   b) han trabajado con anterioridad en el sector y hablan inglés.
   c) tienen conocimientos en buscadores, publicidad, comercio electrónico, redes sociales y *marketing* digital.

4. En cuanto a la formación...
   a) obligatoriamente deben estar relacionados con el sector.
   b) da igual, pero es mejor si son ingenieros o de una rama similar.
   c) no es importante el sector del que vengan.

5. El *community manager* se encarga de...
   a) crear un vínculo entre la empresa y el cliente a través de la red.
   b) mantener el sitio web y las redes sociales de la empresa actualizadas.
   c) vender el producto que ofrece la empresa al consumidor.

6 | Practica las oraciones condicionales

A. Subraya la forma adecuada.

1. No **tengo/tendría** que buscar empleo en el extranjero si la situación aquí fuera mejor.
2. Si **tuviera/tendré** la oportunidad de poder pagarme el máster de *community manager*, lo haría sin dudarlo.
3. **Estudiaré/Estudiaría** Pedagogía para ser consultor educativo si tengo nota suficiente para que me acepten.
4. Si tengo que irme a otro país por motivos laborales, lo **haré/haría** sin dudarlo.
5. Seguramente no **tendré/tendría** ningún problema para encontrar trabajo si quisiera trabajar en algo relacionado con el reciclaje.
6. Si **estudio/estudiara** otra licenciatura, será algo relacionado con la informática.
7. Si me **encontrara/encuentro** con la posibilidad de realizar un máster, lo haría sin dudarlo.
8. Estudiaría otra carrera con más salidas si **estuviera/estaría** en tu lugar.

B. Completa las siguientes frases con la forma correcta del condicional.

1. (Leer) Habrías leído sobre el nuevo mercado laboral si deseas hacer un curso para reciclarte.
2. Si (tener) tendría más dinero, abriría un negocio relacionado con el sector digital.
3. Estudia esa carrera si (poder) podría compaginar vida laboral y estudios.
4. Si (volver) habría vuelto al pasado, elegiría otra profesión con más salidas.
5. (Tener) Habrías ten más opciones de conseguir empleo si eres *community manager*.
6. Viajaría a Londres a realizar un máster de negocios si (saber) habría sabido que luego tendría un puesto de trabajo.
7. Si (estudiar) estudiarías un idioma, tendrás más oportunidades en el mercado laboral.
8. Haz un máster en algo relacionado con el sector digital si (querer) querría tener un CV competitivo.

C. Relaciona las dos columnas para formar las condicionales de forma correcta.

1. Piénsalo bien antes...
2. Si quieres obtener beneficios,...
3. Consigue algún tipo de subvención para tu negocio...
4. Si tratas bien al personal con el que trabajas,...
5. Si obtuviera beneficios en mi negocio antes de 6 meses de la apertura,...
6. Tendrás que afrontar periodos difíciles...
7. Ahorra con antelación una cantidad razonable de dinero...
8. Estudiaría algo sobre gestión de empresas...

a) ... estaría muy contento por ello.
b) ... si puedes dedicar tiempo a buscarla.
c) ... si no quieres sufrir demasiado estrés en los primeros meses de apertura de tu empresa.
d) ... si encontrara un buen curso a distancia.
e) ... si quieres montar un negocio.
f) ... si quieres llegar a tener éxito, es el precio que hay que pagar.
g) ... conseguirás crear un buen ambiente de trabajo.
h) ... tendrás que hacer una buena promoción.

7 Pon en práctica el vocabulario sobre el sistema laboral español

Escucha los siguientes diálogos y marca de qué están hablando.

Pista 18

a) Convenios colectivos	Audio 1 - Audio 2 - Audio 3 - Audio 4 - Audio 5 - Audio 6 - Audio 7
b) Prestación por desempleo	Audio 1 - Audio 2 - Audio 3 - Audio 4 - Audio 5 - Audio 6 - Audio 7
c) Edad de jubilación	Audio 1 - Audio 2 - Audio 3 - Audio 4 - Audio 5 - Audio 6 - Audio 7
d) Salario mínimo interprofesional	Audio 1 - Audio 2 - Audio 3 - Audio 4 - Audio 5 - Audio 6 - Audio 7
e) Vacaciones	Audio 1 - Audio 2 - Audio 3 - Audio 4 - Audio 5 - Audio 6 - Audio 7
f) Despedir	Audio 1 - Audio 2 - Audio 3 - Audio 4 - Audio 5 - Audio 6 - Audio 7
g) Sindicatos	Audio 1 - Audio 2 - Audio 3 - Audio 4 - Audio 5 - Audio 6 - Audio 7

8 Usa los condicionales

Elige la opción correcta en cada caso.

1. De **estudiar/estudiaría** una licenciatura, **haría/hiciera** Gestión Empresarial.
2. **De montar/Si montaría** un negocio, sería mi propio jefe.
3. Todo trabajador tiene derecho a un mes de vacaciones, **excepto que/excepto si** no tengas un contrato fijo.
4. **A no ser que/A no ser de** hagas un máster, hoy en día lo tendrás muy difícil para entrar en el mercado laboral.
5. No tengo ningún problema en trabajar como *community manager*, **siempre/siempre que** tenga un salario adecuado.
6. No me importaría trabajar como becario **a condición de/a condición de que** con el tiempo me hagan fijo.
7. Si **fuera/soy** estudiante de nuevo, **estudiaría/estudio** alguna carrera con más salida.
8. Nunca me plantearía trabajar en otro país, **salvo que/salvo** me **dieran/darán** unas vacaciones increíbles.

9 Un paso más

A. Relaciona los refranes con su significado.

1. A quien madruga Dios le ayuda.
2. A caballo regalado no le mires el diente.
3. A buenas horas mangas verdes.
4. Más vale bueno conocido que malo por conocer.
5. Tanto va el cántaro a la fuente que se acaba rompiendo.
6. Nunca es tarde si la dicha es buena.
7. Quien a buen árbol se arrima buena sombra le cobija.
8. Más sabe el diablo por viejo que por diablo.

a) Si se abusa de algo, lo acabaremos perdiendo.
b) No hay que quejarse cuando te regalan algo.
c) Lo importante es llegar en el momento oportuno.
d) Es mejor no cambiar algo que conocemos por algo que no conocemos.
e) Hay que ser rápido en hacer las tareas.
f) La sabiduría se consigue a través de la experiencia.
g) Tener un amigo poderoso puede salvarte de muchos problemas.
h) Se emplea cuando la solución ya ha llegado por otro camino.

B. Reacciona ante algunas situaciones utilizando uno de los refranes anteriores.

1. Necesitas reparar un pinchazo en tu coche y llamas a tu amigo, pero tarda una hora y cuando llega ya has solucionado el problema.
2. Tienes una deuda muy importante con el banco, pero a última hora un buen amigo tuyo te presta el dinero que necesitas.
3. Tienes que hacer muchas cosas, pero te organizas bien y consigues hacerlas todas en el mismo día.
4. Un amigo se va a trabajar a otro país y te regala un sofá con más de diez años.

10 Reconstruye un texto

Lee el texto, ponle un título y coloca los fragmentos que faltan en el párrafo adecuado.

El Blog Salmón
Economía y finanzas en su color natural

Busca en El Blog Salmón con Goo[gle] Buscar »

🏠   ¿? Respuestas   🏷 Entorno   Economía   Mercados Financieros   Mundo Laboral   Sectores   Más »

....

Si no sabes adónde vas, ¿qué importa el camino que elijas? En el caso de la búsqueda de empleo, por tanto, lo que te debes plantear es qué trabajo buscas, ...(1)............................... .
.............................(2)...........................: es obvio que debes plantearte si vas a seguir en la misma ciudad o si entra en tus planes cambiar de residencia.
Sector o tipo de actividad: dado que analizaste tus posibilidades, ahora puedes decidir si cambias de sector. Esto es muy importante especialmente si tu empresa te ha despedido por una situación de crisis. ....
.....................(3).................................. .
.............................(4)...........................: dependiendo de esto, la vida que tendrás dentro de ellas puede ser muy distinta. Una empresa muy grande te puede dar estabilidad, pero quizá te estrese su estructura hiperorganizada.
.............................(5)...........................: bastante ligado a lo anterior, debes tener claro qué tipo de jefes te gusta tener o qué tipo de jefe quieres ser. Tanto en un caso como en otro, se trata de buscar el mejor encaje para disfrutar, en lo que cabe, del trabajo.
Condiciones del contrato: ....(6)............................... .
Responsabilidad y salario: esto es importante porque saldrá en algún momento de la entrevista . ...
.....................(7).................................. .
Aptitudes que aportas: este punto es donde debes poner en claro lo que tú aportas de valor para ese puesto que deseas. Es lo que te servirá de argumento para defender tu candidatura. ....(8)......
....

Adaptado de *elblogsalmon.com*

A Tener todas estas ideas claras te permitirá ver claro lo que buscas. Es la X de tu mapa del tesoro.

B es decir, el tipo de contrato, la formación que se recibe, otros beneficios sociales como seguros o tiques de comida.

C Qué tipo de empresa te gusta, pequeña, mediana, multinacional.

D Piensa en tus mejores cualidades y exponlas.

E Características de la gestión de la empresa.

F cuánto quieres ganar y qué funciones quieres desempeñar.

G Es posible que sea el sector el que tenga problemas y eso te debe hacer buscar otras opciones en otras áreas.

H No pidas demasiado y tampoco te quedes corto, sé justo.

1 Recuerda el vocabulario de la juventud

A. Completa el crucigrama con las palabras que corresponden a cada definición o sinónimo.

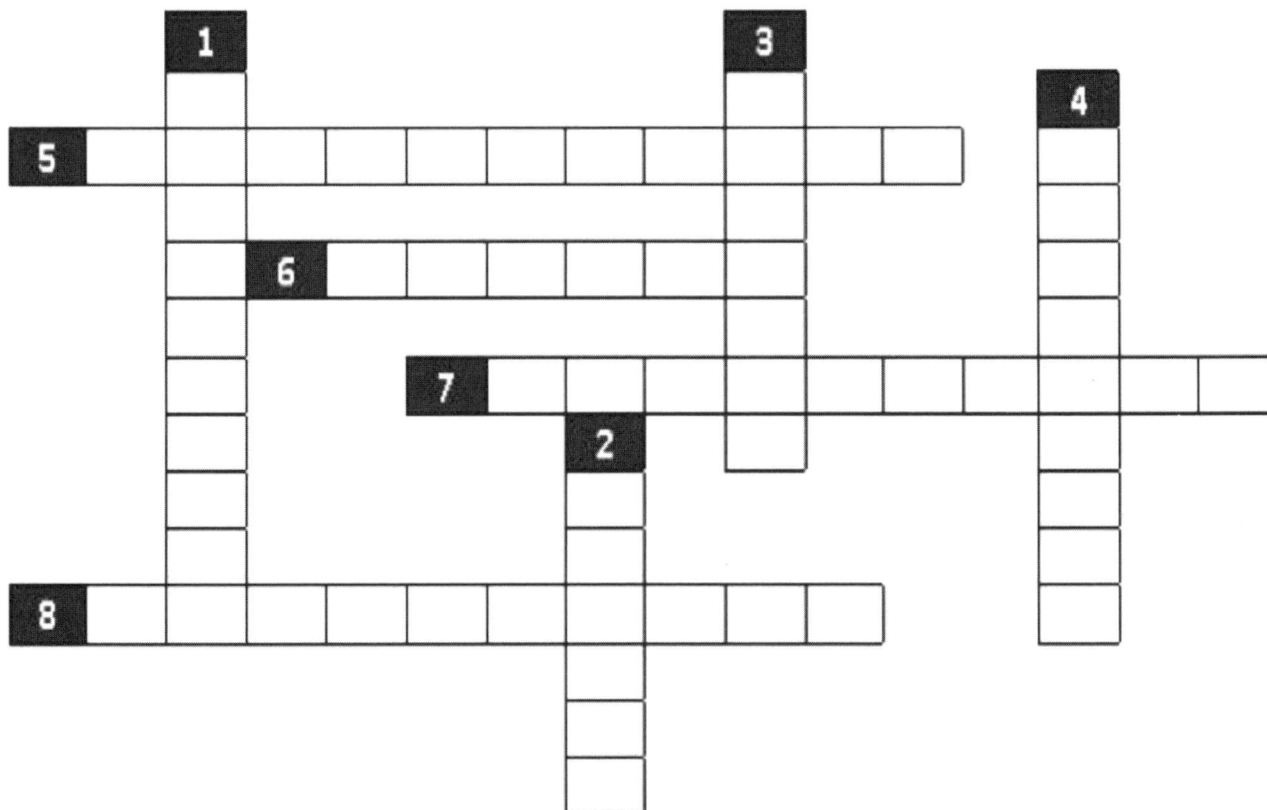

VERTICAL: 1. Tendencia de un grupo de personas. **2.** Grupos de jóvenes con ideas y estética parecidas. **3.** Creencias. **4.** Asociación de trabajadores para defender sus derechos.

HORIZONTAL: 5. Ideología que prefiere la continuidad y a la que no le gustan los cambios radicales. **6.** Interrupción de la actividad laboral para protestar. **7.** Conjunto de personas que han nacido en fechas próximas y tienen características comunes. **8.** Hábito de gastar y adquirir sin mucho control cosas.

B. Completa con las palabras del ejercicio anterior.

1. La juventud es un periodo de grandes .... Es una lástima que cuando nos hacemos mayores los vamos olvidando y dejamos de luchar por ellos.
2. El candidato del partido .... consiguió el 33 % de los votos y el del partido progresista, el 31 %.
3. Los sindicatos han convocado una .... general para protestar contra los recortes en Sanidad.
4. Los empresarios se reúnen con los representantes de los .... para negociar los cambios en la nueva Ley General del Trabajo.
5. El .... juvenil más influyente en los años 60 fue el de los *hippies*, que tuvo gran repercusión en lo social, en lo político, en lo estético y en lo cultural.
6. A este grupo de jóvenes nacidos en el años 1980 se les llama la «........................ de Oro» porque han conseguido muchos triunfos en todos los deportes: fútbol, baloncesto, balonmano, tenis...
7. Cada vez hay más .... y más raras: los *emos*, los surferos, los góticos, los raperós...
8. Junto al capitalismo llegó un .... desproporcionado de bienes y servicios.

C. Elige la opción adecuada y completa.

Es una gran verdad eso de que la vida del estudiante es la mejor que existe. Tu única preocupación es la ....(1).............. y, claro, pasarlo bien y ....(2)............. con chicos y chicas... En ese periodo aún no estamos agobiados buscando una casa que ....(3)............. o preocupados por llegar a fin de mes y poder pagar la ....(4)............. del piso y los recibos de ....(5)............. .

A medida que vamos cumpliendo años, la sociedad casi nos obliga a que encontremos ....(6)............. o que nos casemos para ....(7)............., pero antes de todo eso hay que buscar entre las ....(8)............. cuál es la mejor, ...(9)............. y buscar cierta estabilidad laboral. Más tarde, comprar un coche, ...(10)............. (y otro y otro y otro...) hasta decidirse a alquilarlo o comprarlo...

En fin, lo dicho: la mejor vida, la de estudiante.

1.	a) formación	b) pareja	c) hipoteca
2.	a) conocer	b) ligar	c) ligarse
3.	a) vender	b) ver	c) alquilar
4.	a) hipoteca	b) alquiler	c) compra
5.	a) la luz, el gas y el agua	b) banco	c) hipoteca
6.	a) matrimonio	b) pareja estable	c) marido o mujer
7.	a) criar una familia	b) formar una familia	c) hacer una familia
8.	a) ofertas de empleo	b) empleadas	c) ofrecimientos de trabajo
9.	a) escribir el contrato	b) acordar el contrato	c) firmar el contrato
10.	a) ver un piso	b) alquilar un piso	c) visitar un piso

D. Completa con las palabras y expresiones del cuadro.

estabilidad laboral	aumentar la familia	piso de segunda mano
despedir	experiencia	amigos de la infancia
viven en pareja	comunidad	

1. Estoy contento porque hemos encontrado un piso en el centro que está nuevo y el precio incluye el alquiler, el agua, el gas, la luz y la ....

2. La oferta de empleo es buena, las condiciones me gustan y la empresa es muy conocida. Tengo la formación necesaria, pero quizá me falta tener ...., ya que solo he trabajado 2 años en este sector.

3. Mi hermana y su marido están pensando .... Después de tener a Alba quieren buscar al niño para tener la parejita.

4. El sábado voy a cenar con mis .... Hace más de diez años que no nos vemos y tengo muchas ganas de verlos para saber de sus vidas.

5. Según las estadísticas, cada vez hay más personas que .... y menos que se casan.

6. Hemos estado dudando entre comprar y alquilar pero, al final, hemos decidido comprar un .... porque los nuevos están por las nubes.

7. Mi cuñado está muy preocupado porque su empresa tiene muchos problemas y han dicho que van a .... a 12 trabajadores.

8. Mucha gente busca más la .... que un salario alto en un trabajo temporal.

2 Construye oraciones adversativas

A. Relaciona y forma oraciones adversativas.

1. Me gustaría creer en lo que dicen los políticos,	**pero**	a. únicamente las que él quiso para mejorar su imagen y la de su partido.
2. El portavoz del Gobierno no dio las explicaciones que se le pidieron,	**sin embargo**	b. Es cierto que ha bajado el paro y la economía parece que va mejorando.
3. El presidente dice que la crisis ha pasado ya.	**sino**	c. estoy desencantado por tantos casos de corrupción y tantas promesas incumplidas.
4. Hay quien dice que la situación va a peor.	**no obstante**	d. La gente sigue sin trabajo y no es tan optimista como él.

B. Completa.

sino (3)   No obstante/Sin embargo (2)   pero (2)

1. No ha perdido las elecciones por sus recortes sociales, ... por su política económica.
2. El presidente aseguró que no subiría los impuestos. ...., la evolución de la situación será la que determinará las medidas que finalmente se tomen.
3. Se dice que hay un claro favorito, ... en las elecciones de hace cuatro años se produjo una sorpresa tan grande que no hay nada seguro.
4. Dicen que a los jóvenes no les interesa la política, ..., en realidad, estamos viviendo el periodo de la historia con mayor actividad social y política de la juventud.
5. La participación política no ha disminuido, ... que ha cambiado los medios. Ahora hay menos manifestaciones y más actividad en las redes sociales.
6. El líder de la oposición no explicó su proyecto, ... que se limitó a criticar las decisiones del Gobierno.
7. No podemos negar que la gente dice que no le interesa la política. ...., la sanidad, la educación o el desempleo sí les interesa: ¿es que eso no es política?

3 Utiliza aunque con indicativo y subjuntivo

A. Escribe dos frases, como en el modelo, según la información que tienes.

1. Iré de vacaciones a México en agosto.	aunque	a) ahora no tengo trabajo y no sé si tendré dinero. .... *aunque no tenga dinero* ....
		b) ahora no tengo dinero y sé que no tendré dinero, pero buscaré alguna solución. .... *aunque no tengo dinero* ....
2. Necesito aprobar este examen.	aunque	a) yo sé que es muy difícil. ....
		b) puede ser difícil, pero no estoy seguro. ....
3. Han decidido que van a alquilar el piso que está junto a la playa.	aunque	a) saben que es muy caro. ....
		b) no saben el precio, sospechan que es caro, pero no les importa. ....
4. Creo que van a preparar un pescado al horno para la cena.	aunque	a) no saben si a todos los invitados les gusta el pescado. ....
		b) son conscientes de que a Marta no le gusta el pescado, pero no importa porque en realidad no le gusta nada. ....

5. Pasarán las vacaciones de verano en la costa de Cádiz.	**aunque**	a) han leído en una revista que estará masificado. .... b) no saben si habrá muchos turistas, pero no pasa nada. ....
6. Se pueden quedar a dormir en nuestra casa.	**aunque**	a) me han dicho que vienen con su perro. .... b) están pensando si traer al perro. ....
7. Quiere ver la nueva temporada de su serie favorita en versión original.	**aunque**	a) ha dicho: «Estoy seguro de que no lo entenderé todo». .... b) ha dicho: «Nunca puedo entender todo lo que escucho». ....
8. Va a hacer el bizcocho de manzana con la receta de la abuela.	**aunque**	a) duda de su capacidad para hacerlo. .... b) nunca lo puede hacer igual de bien. ....

B. Pon el verbo en la forma adecuada para que corresponda al significado.

1. Aunque (salir, yo) .... tarde del trabajo, te llamaré para quedar.
`Termino a las 22:00`

2. Aunque (salir, yo) .... tarde del trabajo, te llamaré para quedar.
`No sé cuándo terminaré`

3. Aunque no (apetecer, a nosotros) .... mucho, iremos a la cena.
`No queremos ir`

4. Aunque no (apetecer, a nosotros) .... mucho, iremos a la cena.
`Te diré luego si tenemos ganas`

5. Aunque (tener, ella) .... muchos libros, seguirá comprando más.
`No sé cuántos tiene`

6. Aunque (tener, ella) .... muchos libros, seguirá comprando más.
`Posee una gran biblioteca`

7. Aunque (querer, ellos) ...., no les compraremos la bicicleta.
`No han dicho lo que quieren para Navidad`

8. Aunque (querer, ellos) ...., no les compraremos la bicicleta.
`Han pedido una bici como regalo de Navidad`

C. Completa con la forma adecuada de los verbos del cuadro.

jugar	seguir	cambiar	querer	preguntar
	esperar	encontrar	poder	

1. Tengo que trabajar y no podré ir, pero, aunque ...., no iría.

2. Aunque ...., no sabría hacerlo porque es muy complicado, pero es que, además, no quiero.

3. Aunque fuera rico, ... vistiendo igual de mal porque es un problema de gusto, no de dinero.

4. He visto en las noticias que va a hacer sol y 26 ºC, así que no os preocupéis. Además, aunque lloviera, no .... los planes.

5. Aunque siguieras buscando, no lo .... Lo he escondido muy bien.

6. Todavía no hay nada confirmado, pero aunque finalmente no .... ni Gasol ni Navarro con la selección, nuestro equipo sería uno de los candidatos a conseguir la medalla de oro en el Campeonato de Europa de baloncesto.

7. Aunque .... toda la noche, no aparecería. Venga, vamos ya a casa...

8. Aunque ...., no os contestarían, lo tienen prohibido, así que es mejor no intentarlo.

4 *Pon en práctica el vocabulario de la política*

A. Completa el esquema con las palabras del cuadro.

| terrorismo | monarquía | ministro | partidos políticos | derechos | privado |
| crisis | alcalde | república | presidente | Constitución | sindicatos | democracia |

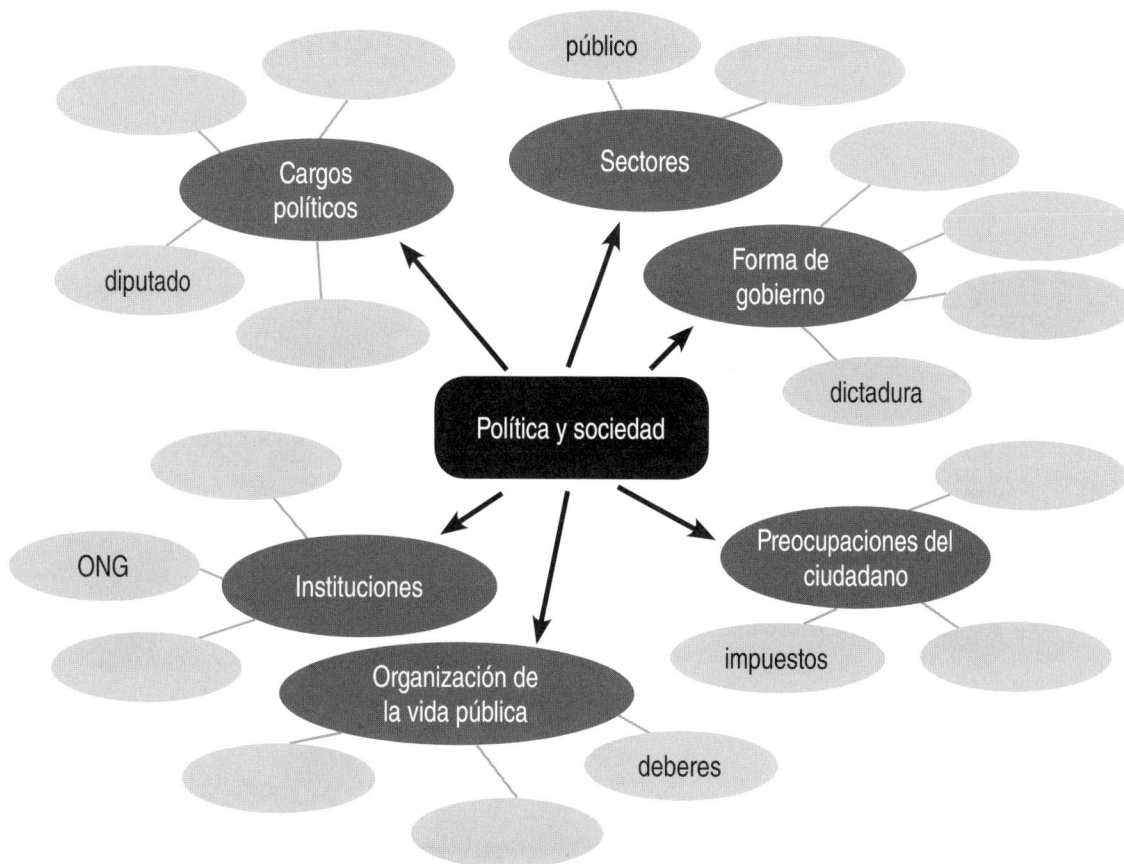

público

Cargos políticos

Sectores

Forma de gobierno

diputado

dictadura

Política y sociedad

ONG

Instituciones

Preocupaciones del ciudadano

impuestos

Organización de la vida pública

deberes

B. Completa con algunas palabras del esquema anterior.

1. Tras la Guerra Civil (1936-1939) comenzó la .... del general Franco, que duró casi cuarenta años en la que España vivió sin libertades.
2. Cuando murió el dictador Franco, volvió la .... a España y las primeras elecciones las ganó el UCD y Adolfo Suárez fue nombrado .... del Gobierno.
3. Con Juan Carlos I volvió la .... a España. El anterior rey había sido Alfonso XIII, abuelo de Juan Carlos, que se fue del país cuando se proclamó la .... en 1931.
4. En 1978 los españoles aprobaron el referéndum de la nueva ...., que aseguraba los .... y los .... democráticos para todos los ciudadanos españoles.
5. En el Congreso hay 350 .... que representan a todos los españoles. Los gobiernos locales se llaman *ayuntamientos* y están presididos por el .... En España hay más de 8 000 ayuntamientos.
6. Las .... son asociaciones civiles sin ánimo de lucro que trabajan contra la injusticia, contra la pobreza, en defensa del medio ambiente y en muchos otros ámbitos.